당신이 몰랐던
알짜 기업
50

일러두기

- 인명 및 지명 등의 외래어표기는 국립국어원 외래어표기규정을 따랐으나, 고유명사 등은 각 기업의 사용 용례를 따랐습니다.
- 본문 내의 보고서 등은 〈 〉을 사용했습니다.
- 각 장별 기업 소개는 가나다순으로 표기했습니다.
- 이 도서는 발행 시점인 2016년 9월을 기준으로, 각 기업이 제공한 최신 공시 정보를 모아 구성했습니다.

연봉, 복지, 성공
세 마리 토끼를 한꺼번에 잡는

당신이 몰랐던
알짜 기업
50

| 매일경제신문 중소기업부 지음 |

매일경제신문사

강소기업이 희망이다

매일경제신문 중소기업부 기자들은 매일 같이 인천으로, 안산이나 판교로, 대전·대구·부산 등 지방으로 전국 각지의 중소기업들을 찾아갑니다. 생산 현장에 가보고, 유통점이나 영업 현장에서 굵은 땀방울을 흘리며 일하는 회사 대표나 직원들과 만나 얘기를 나눕니다. 잘 알려지지 않은 강소기업을 발굴하고, 현장감 있는 기사를 쓰기 위해서입니다.

취재를 하며 우리나라에 알짜배기 중소기업들이 얼마나 많은지 새삼 감탄하게 됩니다. 히든 챔피언, 즉 대중에게 잘 알려지지는 않았지만 세계적인 경쟁력을 보유한 중소기업들을 만날 때는 응원하는 마음까지 생깁니다. 비록 대기업에 비해 사회의 주목은 덜 받지만, 외부의 힘에 기대는 대신 스스로 제품을 개발하고 해외 시장에서 활약하며 성공을 거둔 곳이 의외로 많습니다. 우리가 알고 있지 못할 뿐 자신의 분야에서 기술력과 서비스로 세계 시장 1위로 인정받는 기업들도 곳곳에 있습니다.

세계 경제가 어려워지고, 국내 경기도 바싹 얼어붙으면서 수많은 기업들이 어려움을 호소하고 있습니다. 그러나 이 와중에도 몇몇 중

소·중견기업들은 지금이 시장 1위를 굳힐 수 있는 기회라고 생각하며 열심히 달리고 있습니다. 진두지휘하는 중소기업의 대표와 함께 성공적인 경험을 축적한 직원들 역시 자신이 속한 분야에서 세계 최고가 되는 짜릿한 경험을 하곤 합니다.

물론 "대기업이 아닌 중소기업에서 일하는 것이 성공비결 중 하나입니다"라고 말하면 동의하지 않는 사람들이 여전히 많습니다. 하지만 대기업보다 창조적이면서도 우수한 성과를 거두는 중소기업들이 많습니다. 대기업에서 일할 때보다 더 큰 성공과 성취를 느낀다고 말하는 중소기업 근로자들도 있습니다.

해외 선진기업들을 빠르게 따라잡는 패스트팔로어fast follower 전략을 취하는 대신 새로운 분야를 개척하는 퍼스트무버first mover가 되기를 자처하는 중소·중견기업들이 우리나라의 희망으로 새롭게 떠오르고 있습니다. 매일경제신문 중소기업부에서 이 책을 묶게 된 이유도 그 때문입니다. 처음 취업을 준비하는 분들과 더 나은 곳으로 이직을 생각하는 분들이 편견을 버릴 수 있도록 어떤 중소기업이 무슨 성과를 거두고 있고, 그들이 원하는 인재상은 무엇인지를 소개하고 싶었습니다. 많은 이들이 중소기업을 통해 다른 사람들이 이루지 못했던 성과를 남기고, 부와 명예를 얻기를 희망해봅니다. 또 이 책에 소개된 기업들 역시 이 책을 통해서 한 발자국 더 도약할 수 있다면 그보다 더 기쁜 일은 없을 것입니다.

최근 중소기업이나 중견기업에 입사해 자신의 역량을 맘껏 발휘하는 우수한 인재들이 많습니다. 그러나 아직도 수많은 중소기업들이 우수한 인재를 구하기 어렵다고 호소합니다. 지방은 말할 것도 없고 수도권에 위치한 곳들도 마찬가지입니다.

반면 수많은 구직자들은 계속해서 좁아지고 있는 대기업 취업문 앞에서 좌절하거나 입사를 위해 재수, 삼수를 강행하고 있습니다. 혹은 대기업에 들어갔다가도 자신의 적성과 능력을 펼칠 수 있는 새로운 기회를 찾기 위해 또 다시 구직자가 되기도 합니다. 이 문제를 해결할 하나의 방법은 젊고 우수한 인재들에게 숨겨진 알짜 직장들을 알리는 것이라고 생각합니다.

부디 저희가 쓴 이 책이 구직자들에게는 좋은 직장을 잡을 수 있는 기회가, 중소기업에게는 우수인재 확보의 통로가 되기를 희망합니다.

매일경제신문 중소기업부 부장
김대영

CONTENTS

02 독점 공개! 알짜 기업 리스트

03 취업 지름길 열어주는 실속 만점 지원 제도

괜찮은 중소기업이
진짜 존재할까?

#1

좋은 일자리를 찾는 구직자,
훌륭한 인재를 원하는 기업

당신이 중소기업 취업을
망설이는 이유

◆ ◆ ◆

'잡코리아 좋은일연구소'에서 신입으로 취업을 준비하는 구직자 751명을 대상으로 '중소기업 취업에 대한 솔직한 생각'을 조사했다. 구직자들이 중소기업 취업에 대해 갖고 있는 불안감의 정체를 알아보고, 이 불안 요소를 찾아 해소할 경우 중소기업 취업 기피현상을 줄일 수 있지 않을까 기대하며 수행한 조사였다.

'중소기업에 취업할 생각이 있는가?'에 대한 답변은 흥미롭다. 응답자 중 82.4%가 '있다'고 답했고, 그중 일부는 '대기업보다 알찬 중소기업이라면 가겠다(65.1%)'는 단서를 붙였다.

중소기업 취업에 대한 가장 큰 걱정은 '낮은 연봉'과 '미흡한 복지제도'였다. 중소기업에 취업할 생각이 없다고 대답한 나머지 응답자들(17.6%)은 그 이유로 '연봉이 낮거나 복지제도가 잘 갖춰져 있지 않을 것 같다(74.2%)'는 것을 꼽았다. '한번 중소기업에 취직하면 계속 중소기업 직원으로 남을 것 같다(47.7%)'거나 '교육제도나 자기계발 체계가 잘 갖춰져 있지 않을 것 같다(33.3%)'는 답변도 뒤를 이었다. 이외에 중소기업에서 일하는 것에 대한 사회적인 시선이 걱정된다는 답변도 있었다.

'가고 싶은'
회사를 만드는 조건

◆◆◆

"괜찮은 중소기업이라면 취직도 생각하고 있다"고 말하면, 많은 사람들이 여전히 "중소기업에 취업하겠다고?"라며 반문한다. 실제로 중소기업에 취업한다는 것을 막연히 두려워하는 구직자들도 많다. 인지도가 낮아 남들이 알아주지 않는 건 아닌지, 박봉은 아닌지 등을 걱정하며 중소기업에 이력서를 선뜻 내지 못한다. 이런 선입견들에도 불구하고, 대기업 못지않은 '알짜 중소기업'이 의외로 곳곳에 많다.

그렇다면 중소기업 취업에 대한 구직자들의 생각을 긍정적으로 바꿀 수 있는 방법은 무엇일까. 전체 응답자의 대부분은 '여러 가지 조건 중 원하는 한 가지라도 제대로 갖춰진다면 중소기업에도 취업할 의사가 있다'고 답했다. 그 조건 중 첫 번째는 역시 '연봉'이었다. 연봉이 일정 수준 이상이면 중소기업에 취업하겠다는 응답자가 49%로 가장 많았다. 조사에 답한 신입 구직자들의 희망연봉은 평균 2,405만 원이었다.

또 기업의 '재무적 안정성(12.6%)'이나 '성장성(11.9%)'에 대해 기업이 충분히 설명해주고, 확신이 생긴다면 취업하겠다는 답변이 높았다. '출퇴근 시간이 정확하게 지켜질 경우(20.8%)' 등 자율적인 기업문화가 보장된다거나 '직원의 자기계발·진학 지원(9%)', '자녀의 보육비·학비 지원(7.8%)' 등 복지제도가 우수하다면 취업할 의사가 있다는 답변도 있었다.

실제로 구직자들이 원하는 조건을 만족하는 중소기업들도 상당수 존재한다. 그럼에도 중소기업들은 오히려 '뽑을 사람이 없다'고 걱정한다. 이렇게 인력과 정보, 회사와 구직자가 서로를 찾지 못하는 이유는 하나다. 기업에 대한 정보가 부족하기 때문이다.

실제로 구직자들은 중소기업에 지원하고 싶어도 우리나라에 어떤 기업이 있는지, 언제 인력을 모집하는지 알기 힘들다고 말했다. 또 막상 구인 공고를 확인해도 '기업 정보가 부족해서', '채용공고 내용이 자세하지 않아서' 판단이 힘들고, 결과적으로 지원을 꺼리는 경우가 많았다.

'중소기업에 취업하겠다'고 답변한 이유

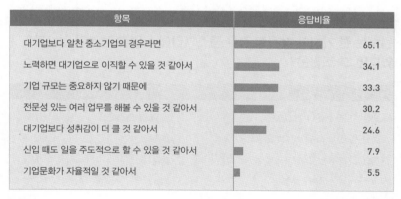

항목	응답비율
대기업보다 알찬 중소기업의 경우라면	65.1
노력하면 대기업으로 이직할 수 있을 것 같아서	34.1
기업 규모는 중요하지 않기 때문에	33.3
전문성 있는 여러 업무를 해볼 수 있을 것 같아서	30.2
대기업보다 성취감이 더 클 것 같아서	24.6
신입 때도 일을 주도적으로 할 수 있을 것 같아서	7.9
기업문화가 자율적일 것 같아서	5.5

자료: 잡코리아
단위: 퍼센트
응답인원: 751명(복수응답)

'중소기업에 취업하지 않겠다'고 답변한 이유

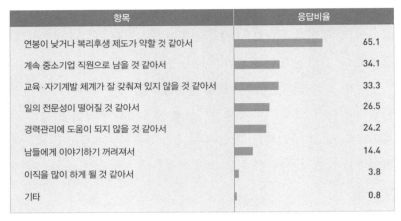

항목	응답비율
연봉이 낮거나 복리후생 제도가 약할 것 같아서	65.1
계속 중소기업 직원으로 남을 것 같아서	34.1
교육·자기계발 체계가 잘 갖춰져 있지 않을 것 같아서	33.3
일의 전문성이 떨어질 것 같아서	26.5
경력관리에 도움이 되지 않을 것 같아서	24.2
남들에게 이야기하기 꺼려져서	14.4
이직을 많이 하게 될 것 같아서	3.8
기타	0.8

자료: 잡코리아
단위: 퍼센트
응답인원: 751명(복수응답)

원하는 한 가지가 갖춰질 경우 중소기업에 취업할 생각이 있는가? 있다면 그 조건은?

항목	응답비율
연봉이 일정 수준 이상일 경우	49
출퇴근 시간이 정확하게 지켜질 경우	20.8
기업의 재무적 안정성이 확인될 경우	12.6
기업의 성장성이 확인될 경우	11.9
직원의 자기계발·진학 등을 적극 지원할 경우	9
직원 자녀의 보육비·학비가 지원될 경우	7.8
기타	0.7

자료: 잡코리아
단위: 퍼센트
응답인원: 751명(복수응답)

#2
___

'숨겨진 알짜 기업'을
찾아야 하는 이유

대기업에서의 20년
Vs. 중소기업에서의 20년

◆ ◆ ◆

대기업에서 20년 가까이 근무해온 김 차장(44세). 자신의 이름이 계열사 전직 대상 목록에 올라간 것을 본 그는 정리해고 대상에 포함되지 않았으니 한숨은 돌렸다고 생각했다. 그러나 상황은 생각보다 좋지 않았다. 그가 인사이동으로 발령받은 곳은 아무런 연고도 없는 강원도의 한 도시에 위치한 계열사 영업부서였다.

'그만두면 더 이상 갈 곳이 없다'는 생각으로 3개월간 이를 악물고 버텼지만 학연이나 지연 등 연고 하나 없는 지방에서 영업하기란 너무나 힘든 일이었다. 결국 사표를 내고 회사를 나온 그는 최근 외국계 회사에 경력직 원서를 쓰고, 그동안 손을 놓고 있었던 영어책을 다시 들춰보기 시작했다.

반면 한 중견 화학기업에 다니는 정 이사(59세)는 최근 상무로 승진했다. 대기업에 다니던 친구들은 이미 은퇴한 지 오래인 상황이다. 그는 매일 아침 일찍 출근해 자신의 역량을 펼치고 있다. 고등학교를 졸업하고 바로 이 기업에 취직한 정 상무는 회사의 미래 성장 가능성을 발견하고 누구보다 열심히 일했다.

회장은 직원들에게 대기업 못지않은 급여와 복지를 제공했다. 정 상무도 중간에 이직 생각을 하지 않은 것은 아니었다. 하지만 그의 성실한 태도를 눈여겨 본 회장은 그를 회사의 인재로 키우겠다고 마음먹었다. 이후 회사는 그에게 해외로 2년간 유학을 갈 수 있도록 배려하고, 승진도 성과에 맞춰 잊지 않고 시행했다. 그는 "친구들 중에 나처럼 아직도 직장생활을 하는 이들은 거의 없다. 건실한 중견기업을 선택하기를 잘했다고 생각한다"고 말했다.

대기업 입사로 탄탄한 미래가
보장되는 시기는 지났다

◆ ◆ ◆

중소기업에 입사하게 되면 자신의 전문 분야 외에도 재무, 영업, 생산, 기획, 인사 등 관련 업무를 돕게 되는 일이 생긴다. 이 과정에서 업무 전체 프로세스에 대한 이해의 폭이 커지고, 다양한 업무를 진행할 수 있는 능력이 생긴다. 중소기업 출신 현직 CEO들은 이렇게 다양한 업무를 접해볼 수 있다는 점을 중소기업의 가장 큰 매력이라고 꼽았다. 그들은 이때 한 경험이 퇴사 후 창업을 할 때도 확실한 밑거름이 됐다고 공통적으로 말했다.

실제 대기업 출신 중에는 이런 시스템을 부럽게 생각하는 이들도 적지 않다. 같은 인사 업무도 대기업에서는 다시 인사, 노무, 교육, 총무 등으로 세분화되지만 중소기업에서는 인사, 총무 정도로 크게 분류되는 경우가 많다. 결국 중소기업에 근무하면 기업이라는 큰 유기체가 어떻게 돌아가게 되는지 빨리 파악할 수 있을 뿐만 아니라 직무 사이의 연관성도 이해하기 쉽다. 실제로 요즘처럼 미래가 불안정한 시대에는 남들보다 먼저 알짜 중소기업에 들어가 다양한 영역에서 경력을 쌓고, 인생 2막을 위한 지름길을 찾는 편이 좋다고 추천하는 고용 전문가도 많다.

　대기업 같은 조직은 덩치가 크기에 개개인의 역량을 십분 발휘하기가 쉽지 않다. 또 기존에 구축해놓은 시스템이 있기 때문에 그에 반하는 행동을 하기도 쉽지 않다. 하지만 중소기업에서는 다양한 경험을 하며 멀티플레이어로 성장할 수 있다. '일이 너무 많다'라고 생각할 수 있지만 다방면의 경험을 하면서 자신의 능력을 발휘할 여지가 그만큼 크다.

　현장에서 만난 중소기업 대표들은 "중소기업에서는 개개인의 아이디어가 소중하기 때문에 신입사원이 낸 의견도 경영에 곧바로 반영하는 경우가 많다"며 "이렇게 창의성 있는 인재에게는 인센티브를 통해 보상해주는 시스템도 운영하고 있다"고 입을 모았다.

　실제로 한 중견 가구회사의 대표는 국내 굴지의 자동차 회사 출신이었는데, 그곳에서 자동차 생산에 필요한 금형만을 담당했다고 한다. 그러다 보니 "자동차 회사에 십수 년을 다녔지만 아직도 자동차와 전반적인 생산 시스템에 대해서는 잘 모른다. 내가 알고 있는 것이라고는 오직 자동차 금형뿐이기 때문이다"라는 푸념을 하기도 했다.

　또한 대기업에 비해 상대적으로 조직이 유연해서, 처음 지망했던 부서가 자신과 맞지 않다고 느낄 경우 직무를 바꿀 수 있는 기회도 많은 편이다. 대기업에서도 아예 불가능한 것은 아니지만, 상대적으로 쉽지 않다. 또 대기업에서는 옮기고자 하는 부서를 미리 경험해볼 기회가 없으므로, 자신과 잘 맞는지 확신하기도 어렵다. 하지만 중소기업에서는 다양한 일을 경험하는 과정에서 '정말 나와 잘 맞는 직무가 무엇인지'를 파악하기가 그만큼 수월하다. 제도로 직무 전환을 보장해주는 기업도 있다.

다방면의 경험을 쌓는 것은 이직할 때도 선택의 폭을 넓혀준다. 앞서 말한 대로 대기업에서는 본인이 소화할 수 있는 업무 범위가 제한돼 있고, 그만큼 담당해왔던 업무가 아닌 회사로 옮기기란 매우 어렵다.

중소기업을 기피하는 가장 큰 이유로 꼽히는 급여 또한 시간이 지나면 극복된다. 중소기업은 대기업에 비해 상대적으로 승진 경쟁이 치열하지 않고, 본인의 역량을 발휘할 기회도 많다. 결국 입사 초기의 임금 격차는 시간이 지나면서 점차 줄게 되고, 결론적으로 근속기간 동안의 총수입 역시 크게 차이가 나지 않게 된다.

물론 여전히 많은 구직자들이 대기업을 선호한다. 하지만 대기업 입사만으로 인생에 탄탄대로가 열리는 시대는 지나갔다. 산업구조가 매우 역동적으로 변화하고 있고, 그만큼 산업군이나 특정 기업의 내일을 전망하기도 어려워졌기 때문이다.

'괜찮은' 기업에 취업하기 위해서는 자신이 잘할 수 있고, 해보고 싶은 직무를 우선적으로 고른 후 미래 유망한 기업들을 찾아보는 것이 순서이다. 단순히 대기업이냐 중소기업이냐의 좁은 관점에서 벗어나면 단순히 '취직을 한다'는 의미를 넘어서서 장기적이고 체계적으로 자신의 경력을 쌓을 수 있다.

#3

중소기업, 강소기업

우리나라 기업의 99%, 중소기업

◆ ◆ ◆

괜찮은 중소기업 혹은 중견기업에서 일하고 싶다면 우선 중소·중견기업에 대한 정의부터 정확히 짚고 넘어가는 편이 좋다.

99%와 88%는 국내 중소기업을 표현할 때 흔히 등장하는 수치다. 중소기업의 비중이 우리나라 전체 기업의 99%에 이르며, 고용 인원역시 전체의 88%를 차지할 정도로 많다는 뜻이다. 통계청이 발표한 〈영리법인 기업체 행정통계 잠정 결과〉를 보면 지난 2014년 영리법인 기업체 수는 54만 1,000개였으며 이 중 대기업 수는 4,310개로 전체 기업 중 0.8%를 차지했다. 실제로 우리나라 거의 대부분의 기업은 중소기업이라는 뜻이다.

중소기업에 대한 정의는 법률로 정해져 있다. 물론 근간이 되는 '중소기업기본법'이 제정될 1996년 당시에는 중소기업과 대기업으로만 구분됐다. 그러다 2011년 '산업발전법'에 중견기업의 개념이 포함되면서 중견기업의 법적 토대 역시 마련됐다.

현재 중소기업과 대기업을 나누는 잣대는 '3년간 매출액 평균'이라는 하나의 기준이다. 그러나 업종별로 상한기준이 다르며, 자산총액이 5,000억 원 미만이어야 중소기업에 해당된다.

각 업종별로 3년간 매출액을 평균한 금액이 기준 매출 금액을 넘겼거나 자산총액이 5,000억 원 이상일 경우 중소기업이 아닌 중견기업 혹은 대기업으로 구분된다. 일례로 가방·신발을 만드는 회사의 지난 3년간 연평균 매출액이 1,500억 원이 넘었을 경우, 이 기업은 중소기업이 아닌 셈이다.

대한민국의 허리, 중견기업

◆ ◆ ◆

그렇다면 중소기업 다음 단계인 대기업과 중견기업은 어떤 기준으로 나눠지게 될까?

중견기업은 중소기업의 요건을 넘어서지만 상호출자제한 기업집단에 속하지 않는 기업을 말한다. 상호출자제한 기업집단이란 자산총액이 5조 원 이상인 곳으로, 기업집단 소속 계열회사의 상호 주식 취득 또는 소유가 금지된 기업을 말한다. 흔히 재벌 또는 대기업이라고 불리는 회사들이다. 또 중견기업에 매출액 상한선은 없어서, 매출이 아무리 높더라도 자산총액이 5조 원 미만일 경우에는 전부 중견기업에 해당된다.

중견기업은 국내 산업 구조의 허리 역할을 담당하고 있다. 2013년 말 기준으로 우리나라의 중견기업 수는 3,846개였다. 이는 전체 기업 수의 0.12%에 불과하지만 고용인원만 116만 1,000명으로 전체 고용의 9.7%를 담당하고 있다. 법인세 납부액 규모 역시 약 8조 원으로, 전체 법인세의 24%를 내고 있을 정도다.

주 업종별 평균매출액 등의 중소기업 규모 기준 제3조제1항제1호가목 관련

	기업의 주업종	분류기호	규모 기준
1	의복, 의복액세서리 및 모피제품 제조업	C14	평균매출액 1,500억 원 이하
2	가죽, 가방 및 신발 제조업	C15	
3	펄프, 종이 및 종이제품 제조업	C17	
4	1차 금속 제조업	C24	
5	전기장비 제조업	C28	
6	가구 제조업	C32	
7	농업, 임업 및 어업	A	평균매출액 1,000억 원 이하
8	광업	B	
9	식료품 제조업	C10	
10	담배 제조업	C12	
11	섬유제품 제조업 (의복 제조업은 제외한다)	C13	
12	목재 및 나무제품 제조업 (가구 제조업은 제외한다)	C16	
13	코크스, 연탄 및 석유정제품 제조업	C19	
14	화학물질 및 화학제품 제조업 (의약품 제조업은 제외한다)	C20	
15	고무제품 및 플라스틱제품 제조업	C22	
16	금속가공제품 제조업 (기계 및 가구 제조업은 제외한다)	C25	
17	전자부품, 컴퓨터, 영상, 음향 및 통신장비 제조업	C26	
18	그 밖의 기계 및 장비 제조업	C29	
19	자동차 및 트레일러 제조업	C30	
20	그 밖의 운송장비 제조업	C31	
21	전기, 가스, 증기 및 수도사업	D	
22	건설업	F	
23	도매 및 소매업	G	
24	음료 제조업	C11	평균매출액 800억 원 이하
25	인쇄 및 기록매체 복제업	C18	
26	의료용 물질 및 의약품 제조업	C21	
27	비금속 광물제품 제조업	C23	
28	의료, 정밀, 광학기기 및 시계 제조업	C27	
29	그 밖의 제품 제조업	C33	
30	하수·폐기물 처리, 원료재생 및 환경복원업	E	
31	운수업	H	
32	출판, 영상, 방송통신 및 정보서비스업	J	
33	전문, 과학 및 기술 서비스업	M	평균매출액 600억 원 이하
34	사업시설관리 및 사업지원 서비스업	N	
35	보건업 및 사회복지 서비스업	Q	
36	예술, 스포츠 및 여가 관련 서비스업	R	
37	수리(修理) 및 기타 개인 서비스업	S	
38	숙박 및 음식점업	I	평균매출액 400억 원 이하
39	금융 및 보험업	K	
40	부동산업 및 임대업	L	
41	교육 서비스업	P	

비고: 해당 기업의 주된 업종의 분류 및 분류기호는 통계법 제22조에 따라 통계청장이 고시한 한국표준산업분류에 따름

#4

'몰라서' 못 가는
알짜 직장

세상에는 알려지지 않은
알짜 기업들이 많다

◆ ◆ ◆

좋은 직장을 '몰라서 못 가는' 경우도 많다. 그렇다면 어떤 기준으로 '좋은 직장' 혹은 '다닐 만한 직장'을 판단해야 할까?

기업을 판단하는 요소는 다양하지만 대표적으로는 재무건전성, 발전가능성, CEO의 마인드 등을 들 수 있다.

재무건전성을 판단하기 위해서는 기본적으로 부채비율, 매출액과 영업이익 변동 추이, 기업이 현금을 동원할 수 있는 능력인 유동성 등을 살펴야 한다. 외환위기 이후, 정부는 대기업들에게 부채비율 감축 기준선을 200% 이하로 유지하도록 권고하고 있다. 이를 모든 업종에 일괄적으로 적용하기는 어렵지만, 일반 제조업의 경우에는 이 기준을 의미 있는 판단의 잣대로 삼을 수 있다. 물론 기업의 성장 발판을 마련하기 위한 연구개발$_{R\&D}$ 투자비용 등 때문에 일시적으로 재무건전성이 나빠 보이는 경우도 있으니 주의해야 한다.

특히 코스닥·유가증권 상장사의 경우 회사의 다양한 변동 사항을 금융감독원 전자공시시스템을 통해 공시하고 있다. 때문에 관심 가는 기업이 생긴다면 기업이 최근 공시해 놓은 내용이 무엇인지 면밀히 파악해봐야 한다.

CEO의 마인드를 파악하고 '자신과 합이 맞는지'를 살펴보는 일도 중요하다. 어떤 회사든 일단 들어가는 것을 목표로 삼기보다는 이 회사가 나랑 잘 맞을지, CEO의 비전은 무엇인지 등을 살펴볼 필요가 있다는 뜻이다. CEO가 어떤 생각을 갖고 경영을 하는지, 회사의 기업문화가 어떤지는 회사 홈페이지의 경영이념이나 CEO의 인터뷰 기사를 찾아보면 대략적으로나마 알 수 있다.

좋은 직장을
판단하는 기준이 있다?

◆◆◆

괜찮아 보이는 기업을 찾았다면, 조금 더 자세하게 살펴볼 필요가 있다. 취업 정보 사이트 '잡코리아'는 다음과 같이 네 가지 방법을 소개했다.

가장 먼저 기업 홈페이지 확인은 필수다. 기업의 홈페이지가 제대로 구축되어 있는지부터 알아본다. 회사 홈페이지에서 기업 소개나 사업 비전을 충실히 제공하는지 여부와, 구체적인 사업 내용이 무엇인지, 조직 구성도가 어떻게 되어 있는지 알아보는 게 좋다.

디자인이 매우 진부하거나 접속 속도가 느릴 경우, 혹은 정보 업데이트 날짜가 매우 오래되었을 경우 입사해서 고생할 확률이 큰 편이다.

회사 연혁이나 수상 경력도 꼼꼼히 살펴보자. 기업의 역사가 오래되었다면 그 기업만의 특별한 강점이 존재한다고 판단할 수 있다. 또수출 관련 산업훈장이나 기술혁신상, 노사협력상 등 국가기관이나 공인기관에서 선정하는 상을 받은 기업이라면 일단은 신뢰할 만하다.

다음으로 대외적인 기업정보를 충분히 분석해야 한다. 공신력 있는 기관이나 협회가 추천하는 기업을 선택하는 편이 좋다. 이렇게 지정된 기업은 사업성과 안정성 등에서 어느 정도 점검이 됐다고 판단할 수 있기 때문이다. 증권거래소나 코스닥에 상장 또는 등록된 기업은 금융감독원의 전자공시시스템을 통해 매출규모나 사업의 현황 자료를 확인할 수 있다. 중소기업청이나 중소기업진흥공단, 지방자치단체 등에서 선정하는 유망 중소기업, 우수 중소기업을 중심으로 찾아볼 수도 있다.

중소기업청은 매년 기업의 성장성, 수익성, 안정성, 활동성, 생산성 부분에서 상위권에 해당하는 기업을 선정해 '우수 중소기업'으로 발표하고, 중소기업기술혁신협회(이노비즈협회)는 기업의 근무조건과 이미지, 직원들의 만족도 등을 심사하고 그 결과를 '취업하고 싶은 기업'으로 발표한다.

다양한 취업 정보 사이트에서도 일반적인 기업 개요와 사업현황 정보를 제공한다. 또한 벤처기업협회에서는 매년 1,000억 이상의 매출을 올리는 벤처기업을 선정해 '슈퍼벤처기업'으로 발표하고 있다.

기업문화나 복지제도도 꼭 확인해봐야 한다. 기업의 홈페이지와 취업 정보 사이트를 통해 4대보험(의료보험, 고용보험, 국민연금, 산재보험), 휴가, 직원의 건강관리 지원, 교육, 여가, 경조사 지원, 인센티브 등의 복지제도와 보상제도를 확인해보는 과정이 필요하다.

특히 중소기업 중에는 인력난도 심하고 이직율도 높은 곳들이 있어 상대적으로 다양하고 독특한 복지제도를 운영하는 기업이 많다. 매일 아침밥을 뷔페로 제공하거나 사무실에 간식을 항상 비치해 직원들의 사기를 북돋워주는 기업도 있고, 스포츠센터 이용권을 지급해 직원들의 건강을 신경쓰기도 한다.

　중소기업에서는 기업의 경쟁력에 인재가 미치는 영향이 상대적으로 크다. 따라서 인재에 대한 투자도 기업의 비전을 평가하는 중요한 기준이 된다. 업무 관련 도서 구입비, 외부 세미나 참석, 각종 교육과정 지원 등 직원의 자기계발에 얼마나 적극적인지도 알아보자.

　마지막으로 가장 중요한 기준이 있다. 바로 '미래를 기대할 수 있는 회사인가'는 물음을 던지고 스스로 판단해보는 것이다. 현재는 규모가 작더라도 탄탄한 수익모델이나 확실한 비전을 갖고 있는 회사라면 분명 도전해볼 만하다. '세계 최초'나 '세계 유일' 등의 단어에 현혹되기보다는 해당 기업이 갖고 있는 성장 잠재력을 먼저 고려해야 한다. 이 업체의 주력제품은 무엇인지, 전체 시장 규모는 얼마나 되는지, 경쟁기업과의 위치는 어느 정도인지, 업계에서 기업 인지도는 어떤지 조사할 필요가 있다. 시장 상황은 신문 기사를 검색해봐도 좋고, 협회가 있는 경우에는 협회 홈페이지의 정보를 통해서도 판단할 수 있다. 또 현재 시장의 선점기업이나 시장규모 또는 매출규모 등도 비교할 수 있다.

　이외에도 직간접적으로 업체와 직접 부딪쳐보는 노력이 필요하다. 면접을 위해서건 다른 필요에 따라서건 회사와 접촉했을 때 겪게 되는 여러 가지 일들과 느낌들은 업체를 판단하는 중요한 근거가 된다. 또 동종업계에 종사하는 사람을 직접 만나 유망기업을 추천받는 것도 좋은 방법이다.

　이 책에서는 중소기업청 추천 기업과 벤처기업협회에서 선정한 '슈퍼벤처기업', 그리고 취업 정보 사이트에서 추천한 기업들 중 연봉이나 근속연수, 복리후생과 보상제도, 미래 성장 가능성 등을 통해 50

개 기업을 선정했다. 그리고 Part 2에서 선정한 각 기업을 일정한 기준에 따라 분류하고 소개했다.

알려지지 않은 좋은 직장을 찾아내는 노하우

- 기업 홈페이지를 확인한다.
- 대외적 기업정보를 분석한다.
- 기업 연혁이나 수상실적을 살펴본다.
- 기업문화 및 복지제도를 확인한다.
- 미래를 기대할 수 있는 회사인지 판단해본다.

그들이 원하는
인재는 뭔가 다르다

"오래 함께할 수 있는
사람을 찾습니다"

◆ ◆ ◆

지난 2013년 중소기업중앙회에서 〈중소기업 인재상에 대한 조사보고서〉를 발간했다. 제조업 300개사와 서비스업 200개사 등 총 500개사를 대상으로, 인재를 채용할 때 그 사람의 어떤 점을 가장 많이 보는지 따져본 것이다.

조사 결과 중소기업에서 채용 시 가장 중요하게 보는 요소는 바로 '인성'으로, 전체 답변 중 69%로 1위를 차지했다. 장기근속 가능여부(60%), 전문지식(48.6%) 등의 요소가 뒤를 이었다. 반면 기업들이 많이 볼 것으로 생각됐던 어학능력(8%)이나 학벌(3.4%), 학점(2%) 등 스펙 관련 기준은 상대적으로 비중이 적었다.

결국 중소기업의 대표와 인사담당자는 능력보다는 그 사람의 됨됨이, 책임감, 조직 적응력, 열정 등을 본다는 뜻이다. 특히 중소기업의 대표들은 "어렵게 직원을 뽑았는데 금방 퇴사해 허탈할 때가 많다"는 고충을 자주 털어놓는다. 이 때문에 장기근속 여부 역시 중소기업들이 중요하게 생각하는 요인이다. 회사에 입사해서 오랫동안 함께 일하며 조직원들과 잘 어울리고 열심히 배우겠다는 열정을 보이면 크게 어필할 수 있다는 뜻이다.

전문성도 중요한 요소 가운데 하나다. 중소기업은 현실적으로 오랜 시간과 비용을 들여 신입사원을 교육하기 어렵다. 물론 중소기업의 특성상 경력이 없더라도 다양한 직무를 경험하게 해서 '내 사람'

을 키우고자 하는 곳도 상당수 있지만, 관련된 경력이 있는 이들을 상대적으로 선호할 수밖에 없다. 신입 구직자가 본인의 실무 관련 경험이나 능력, 혹은 업무와 연관된 각종 자격증이나 인턴 경험을 얘기한다면 기업은 그 지원자를 눈여겨볼 확률이 높다. 또 취업하고자 하는 곳과 관련된 자료, 전망, 뉴스 등을 꼼꼼히 분석해 그 기업에 꾸준히 관심을 가져왔다는 것을 보여주면 가산점을 받을 수 있다.

또한 중소기업은 다양한 업무를 수행해야 하고 업무 재량도가 높은 편이기 때문에 책임감 있는 인재를 선호한다. 학창시절에 오랫동안 봉사활동이나 아르바이트했던 경험을 앞세운다면 좋은 평가를 받을 수 있다.

중소기업 취직을 위한 실전 노하우

◆ ◆ ◆

중소기업에서는 자사 홈페이지에서의 온라인 접수가 아니라 이메일을 통해 자기소개서를 받는 경우가 많다. 이때 지키면 좋은 규칙을 몇 가지 소개한다.

먼저 메일 제목은 인사담당자가 구직자를 접하는 첫인상이라는 사실을 기억해야 한다. 기업에서 제시한 양식이 있다면 그대로 따르되, 언급이 없다면 '[기업명]의 [지원부문]에 이력서를 제출합니다 - [이름]' 형식으로 필수 정보가 한눈에 보이도록 적는다.

첨부하는 이력서의 파일명도 신경써야 한다. '[이름]_이력서' 형식으로 깔끔하게 제출하는 것이 좋다. 버전에 따른 호환 문제상 워드 파일로 작성하는 편이 가장 안전하다. 또한 워드 프로그램의 경우 커서 위치도 함께 저장된다. 따라서 문서의 최상단에 커서를 놓고 저장하면 인사담당자가 이력서를 처음부터 볼 수 있다.

심지어 자기소개서 양식이 정해져 있지 않은 경우도 있다. 자유 형식의 자기소개서 항목을 구성할 때는 정해진 답이 없기 때문에 분량이나 항목 구성에 대해 고민을 많이 하게 된다. 이때 자기소개서의 길이는 A4용지 기준 2장 이내, 한 항목당 글자수는 500~700자 이내가 좋다. 읽기에 지루하지 않으면서도, 핵심 메시지를 무리 없이 담을 수 있는 분량이기 때문이다.

자유 형식 자기소개서에 반드시 포함되어야 할 항목은 '지원동기 및 입사 후 포부', '자신의 역량이 잘 드러나는 경험(도전 및 성공경험)', '성장과정(생활신조)', '성격의 장단점' 등이다. 다른 한두 개 정도의 항목은 자신의 장점을 가장 잘 표현할 수 있는 것으로 골라 구성한다.

이때 자기소개서는 두괄식으로 구성하는 것이 좋다. 인사담당자에게 당신이 싶은 말을 꼭 전달하기 위해서다. 인사담당자가 자기소개서를 처음부터 끝까지 다 읽는다면 좋겠지만, 지원자가 많을 경우 맨 처음 문장부터 읽으며, 대략의 내용 흐름만 이해하고 넘어가는 경우가 많기 때문이다. 따라서 주제를 가장 첫 문장에 담는 두괄식 구조로 내용을 구성하면, 인사담당자들의 눈길을 한 번 더 끌 수 있다.

제출 전에는 완성된 자기소개서를 인쇄해서 읽는 과정이 필요하다. 컴퓨터 화면을 통해 글을 읽을 때와 인쇄된 글을 읽을 때는 의외로 크게 차이가 난다. 글의 구조나 문맥을 살필 수도 있고, 보이지 않던 오탈자를 발견할 수도 있다. 심지어 회사명을 다르게 적는 경우도 있다. 이때 약간의 시간차를 두고 글을 확인하는 것이 좋다. 머리를 식힌 후 내용을 확인하면 새로운 시각으로 글을 볼 수 있기 때문이다.

마지막으로 수시채용을 대비한 '만능 자기소개서'를 준비해놓아야 한다. 중소기업의 경우, 일정한 시기에 정기채용을 하기보다는 결원이나 충원이 필요할 때 자사 홈페이지나 취업 정보 사이트를 통해 서류를 접수하는 경우가 많다. 상시적으로 이력서와 자기소개서를 받는 경우도 있다. 서류 접수가 '시간 싸움'이 되는 경우도 있으므로, 공통적으로 적용가능한 항목은 미리 작성해두는 편이 좋다.

더 자세한 취직 관련 정보는 잡코리아 취업 정보 사이트 등에서 쉽게 찾아볼 수 있다.

그렇다면 면접은 어떻게 봐야 할까? 이는 '중소기업에서 절대 뽑지 않는 지원자'에 관한 자료를 살펴보면 알 수 있다. 잡코리아가 중소기업 면접관 162명에게 조사한 결과, 전체 응답자 10명 중 8명에 달하는 84.6%가 '스펙이 아무리 높아도 탈락시키는 지원자가 있다'고 답했다.

탈락시키는 지원자 1위는 '자세나 말투, 태도 등 직장생활의 기본 예절이 갖춰지지 않은 면접자(71.5%)'였다. 면접관 10명 중 7명이 '뽑지 않겠다'고 대답한 것이다. '지원하는 회사와 직무에 대해 관심이 없는 지원자'가 응답률 41.6%로 뒤를 이었다. 이는 중소기업의 경우 직원의 이직이 잦기 때문에 오래 일할 수 있는 지원자를 선호하며, 그만큼 지원하는 직무와 기업에 대한 관심과 열정을 더 중요하게 평가한다고 해석할 수 있다.

이외에도 면접 시간에 지각하는 지원자(22.6%), 자신의 경험을 지나치게 자랑하거나 과장하는 지원자(22.6%) 등이 꼽혔다.

즉 인사나 자세 등 기본적인 예절은 반드시 지키고, 지원하는 회사
에 대한 정보나 업계 현황을 숙지해야 한다. 직무에 대한 흥미나 전
문성을 어필하는 것도 중요하다.

중소기업 서류 합격을 위한 팁

- 이메일로 입사 지원 시에는 메일 제목, 파일명 등도 신경 써서 작성한다.
- 자유 형식 자기소개서에는 '지원동기 및 입사 후 포부', '자신의 역량이 잘 드러나는 경험', '성장 과정', '성격의 장단점' 등의 항목을 반드시 포함한다.
- 자기소개서는 제출 전 반드시 인쇄해서 읽어본다.
- 수시채용을 대비한 '만능 자기소개서'를 만들어놓는다.

'스펙이 아무리 높아도' 절대 뽑고 싶지 않은 지원자는?

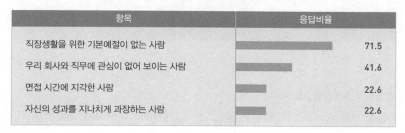

항목	응답비율
직장생활을 위한 기본예절이 없는 사람	71.5
우리 회사와 직무에 관심이 없어 보이는 사람	41.6
면접 시간에 지각한 사람	22.6
자신의 성과를 지나치게 과장하는 사람	22.6

자료: 잡코리아
단위: 퍼센트
응답인원: 137명(복수응답)

‘세 마리 토끼를 한꺼번에 잡을 수 있는’
중소기업 취업을 위한 핵심 문답노트

잡코리아 좋은일연구소 이재학 소장

"일을 주도적으로 진행해서 성과를 내고 싶다면 중소기업에 지원하세요."

중소기업에 대해 가장 쉽게 알아볼 수 있는 방법 중 하나는 다양한 취업 정보 사이트에 기업들이 직접 올린 기업 정보를 살펴보는 것이다. 이런 정보들을 모아 구직자들에게 전달하는 '잡코리아 좋은일연구소'의 이재학 소장을 만나봤다.

Q. 중소기업 취업의 최고 장점은 무엇일까요?

A. 우선 경력이 많지 않은 사람도 일을 주도적으로 해볼 수 있다는 것입니다. 규모가 큰 기업에서는 직무역량을 수직적으로 강화할 수 있다면 중소기업에서는 직무역량을 수평적으로 넓힐 수 있습니다. 직무와 관련된 다양한 일을 해볼 수 있다는 뜻입니다.

예를 들어 대기업의 경우 홍보실과 마케팅실이 명확하게 구분되어 운영되기 때문에 직무의 전문성을 강화할 수는 있지만 주요 문제를 자신의 판단으로 해결할 기회나 주도적으로 일하고 결과를 성취할 기회는 적습니다. 반면 중소기업의 경우 마케팅팀 아래에 홍보 담당자와 마케팅 담당자로 크게 구분되거나 홍보마케팅을 함께 진행하는 경우가 흔하게 발생합니다. 즉, 직무와 관련된 다양한 일을 담당하면서 능력을 쌓아나갈 수 있습니다. 또한 연차에 비해 회사에서 요구하는 성과나 일에 대한 책임 범위가 넓어 주도적으로 일할 수 있습니다.

기업의 성과에 직결되는 일을 할 수 있다는 장점도 있습니다. 이는 중소기업의 특성상 연차에 비해 승진이 빠르기 때문이기도 하고, 업무 역할이 대기업보다 넓기 때문이기도 합니다.

중소기업 취업의 장단점

장점	단점
■ 직무와 관련된 다양한 일을 해볼 수 있다.	■ 연봉 수준이 대기업 대비 낮다.
■ 주도적으로 일할 기회가 많다.	■ 자기계발 등 복리후생 제도가 미흡하다.
■ 기업문화가 자율적인 기업이 많다.	■ 대표이사(오너)의 사업에 대한 관여가 높다.
■ 결재 단계가 짧아 일의 속도가 빠르다.	■ 임원 가족의 관여로 문제가 생길 수 있다.
■ 이직의 기회가 많다.	■ 직원 이직률이 높은 기업들이 있다.

자료: 잡코리아

Q. 중소기업에 입사한 이후, 취해야 할 전략이 있다면?

A. 취업 후에는 일단 열심히 일하는 것이 가장 중요합니다. 현재 맡은 일에 최선을 다해 성과를 최대한으로 높여야 합니다. 경력 관리는 그 다음에 생각해도 늦지 않습니다.

경력 관리의 방향은 본인의 비전에 따라 방향이 달라집니다. 규모가 큰 대기업이나 글로벌 기업에서 일하고 싶다면 한 분야의 대내외적 전문성을 강화해야 합니다. 사내에서 업무의 성과를 높이는 동시에 대외적으로도 자신이 유능한 인재임을 알릴 수 있어야 합니다. 소셜네트워크 오프라인 모임을 통해 인맥을 쌓고 본인을 브랜드화하는 '1인 브랜드 관리'를 추천합니다. 업무 관계자들과 동종업계 혹은 동일 직무의 직장인들과 정보를 공유할 수 있기 때문입니다. 대학원 진학도 직무역량을 강화하며 인맥을 넓히는 하나의 방법이 될 수 있습니다.

개인사업이나 창업에 대한 꿈이 있다면 시장을 보는 눈을 키워야 합니다. 시장의 변화에 꾸준히 관심을 갖고 살펴보아야 합니다. 또한 새로운 일에도 적극적으로 도전해보는 편이 좋습니다. '기회는 준비된 자의 것이다'라는 말처럼 지나치게 망설이다가는 후발주자가 되어 선점이익을 놓칠 수 있습니다.

기업들은 성공한 경험을 높게 사는 경우가 많습니다. 회사가 성장할 때 자신이 했던 역할과 개인의 평판이 겹쳐지면 '좋은 경력'이라고 인정받을 수 있습니다.

Q. 중소기업 취업과 관련해 눈에 띄는 변화가 있다면 무엇인가요?

A. 중소기업들은 경기 변화에 민감하기 때문에 장기적인 경기침체에 빠진 지금, 직원 채용에 소극적인 것이 사실입니다. 경력직을 선호하는 경향이 짙어지며 신입직 채용시장은 더욱 팍팍해지고 있습니다. 따라서 취업하고 싶은 업계와 기업을 선택했다면 채용공고를 수시로 확인해야 합니다. 중소기업 중에는 소규모 수시 채용 방식으로 인력을 충원하는 기업이 많기 때문입니다.

또 주요 대기업들의 채용전형이 바뀌면 중소기업들도 자신들 기업의 특징에 맞게 가감하여 채용전형을 바꾸는 경향이 있습니다. 2015년에 삼성그룹 등 대기업의 신입공채 전형이 '직무역량' 중심으로 크게 바뀌었고, 정부에서도 국가직무능력표준(NCS, National Competency Standards) 기반 채용을 독려하면서 직무역량 중심으로 직원을 선발하는 중소기업들이 늘고 있다는 것이 최근 채용시장의 트렌드 입니다.

Q. CEO의 경영철학 및 마인드도 회사 선택 시 중요합니다. 구직자 입장에서 이를 파악할 수 있는 방법은 무엇인가요?

A. 기업 대표의 경영철학은 기업의 홈페이지의 소개글 등에 잘 나타나 있습니다. 금융감독원에 공시하는 자료를 통해서도 기업의 사업 방향과 경영 현황을 확인할 수 있습니다.

대기업의 경우 매년 초 그룹 대표의 신년사를 통해서도 기업의 사업 방향과 경영 철학 등을 엿볼 수 있는데요. 중소기업의 경우에는 기업 홈페이지 관리를 잘 하지 않거나 공시하지 않는 곳이 많습니다. 이 경우 언론에 소개된 기업의 인터뷰 기사나 우수기업, 강소기업 취재기사 등을 통해 기업에 대해 알아볼 수 있습니다. 취업 정보 사이트들에도 현직 선배의 인터뷰, CEO 인터뷰 등 유망 중소기업을 알리기 위한 콘텐츠가 많이 올라오고 있으니 참고해볼 만합니다.

독점 공개!
알짜 기업 리스트

#1

생활 속 공간을 실속 있게,
알차게 채워드립니다

건자재/가구/보일러/에어컨

경동나비엔

◆ ◆ ◆

기본정보

업종	매출	지역
제조업 보일러, 온수기, 온수매트 등	**5,120억 원**	**서울**

임직원수	근속연수	주소
800명	**평균 7.4년**	서울특별시 영등포구 국회대로 76길 22 (한국기계산업진흥회 신관) 전화: 02 - 3489 - 2200

채용정보

홈페이지 www.kdnavien.co.kr
채용요건 대졸
채용분야 영업, 해외영업, 생산, 구매, 기획, 경영지원, 품질, 연구개발 등
채용전형 서류전형→면접
채용계획 상시채용

부가정보

복리후생 숙소 제공(지방사업장), 경조사 지원, 자녀학자금 지원, 사내복지기금 대출, 병역지정 업체, 생일·명절·창립기념일·근로자의 날 선물 제공, 휴양지 콘도 지원, 사내 동호회 운영

보상제도 연봉제(개인 성과 결과에 따른 차등 지급), 우수사원 포상, 우수사원 해외연수, 장기근속 포상, 장기근속자 부부동반 해외여행, 창립기념일 포상, 리프레시 휴가, 연구원 인센티브

경력개발 지원제도 신입사원 OT 및 OJT, 리더십 교육, 직급별 사내외 직무능력 향상교육, 순환보직제도, 학점이수제

경동나비엔 공장 전경

기업 소개

경동나비엔의 소식을 널리 알리는 경동기자단 5기 발대식

경동나비엔은 1978년 '기업을 통한 사회공헌'이라는 경영이념으로 출발한 보일러 전문기업이다. 에너지 절감과 환경보호를 고려한 첨단 친환경 기술을 기반으로 대한민국의 보일러 산업을 선도하고 있다.

에너지 빈국인 우리나라의 미래를 위해 응축기와 압축기를 하나로 합친 고효율 친환경 기술이 꼭 필요하다고 판단한 경동나비엔은 1988년 네덜란드 기업 네피트NEFIT 와 제휴했다. 이후 국내 최초로 가정용 사각 보일러의 효시가 된 '콤팩트형 사각 보일러'를 출시했고, 고효율 보일러를 보급하는 데 힘써왔다.

경동나비엔은 선진국에서 이미 인정받은 콘덴싱 기술의 가능성을 바탕으로 콘덴싱 보일러와 온수기 기술 개발에 매진했다. 그 결과 200 여 종의 특허기술을 개발했으며 업계 최초 '환경마크', 아시아 최초 유럽품질인증 CE - 열효율 최고등급인 '4Star', 업계 최초 미국 '기계학

러시아 국제 전시회 참가 현장

회 인증ASME', 영국 효율 등급인 SEDBUK 'A밴드' 등을 획득하며 기술력을 인정받고 있다.

20여 년간 쌓아온 기술력을 바탕으로 경동나비엔은 글로벌 시장에서도 활발한 활동을 펼치고 있다. 1992년 업계 최초로 중국 시장에 보일러를 수출하며 세계 시장 진출의 포문을 연 후, 중국 현지 생산·판매법인과 업계 최초의 미국 법인을 설립했다. 지금은 30여 개국가로 수출 시장을 확대하며 기술력을 인정받고 있다.

가장 두드러진 성과는 세계 최대 온수기 시장으로 꼽히는 북미에서의 성공이다. 열 효율이 높고 온수 기능을 편리하게 이용할 수 있는 '나비엔 콘덴싱 가스온수기'를 북미 시장에 선보이며 이 시장을 선점하고 있던 일본 기업들을 제치고 콘덴싱 온수기 시장 1위로 도약했다. 또한 혹한으로 유명한 러시아에서도 유럽 기업들을 제치고 벽걸이형 가스보일러 시장 1위를 차지하고 있다.

경동나비엔 미국 법인

경동나비엔은 이제 글로벌 최고의 보일러 기업이라는 새로운 목표를 향해 힘차게 전진하고 있다. 이를 위해 경기 평택에 13만 제곱미터 규모의 공장을 건설해 연간 200만 대의 보일러 및 온수기의 신규 생산능력을 확보했다. 또한 중국, 북미, 러시아, 영국 등에 설립한 법인을 기반으로 호주 등 신규 시장 공략을 계속하며 명실상부한 글로벌 네트워크를 완성한다는 계획이다.

현장의 목소리

임원 인터뷰 최재범 대표이사

경동나비엔은 우리나라의 생활환경과 에너지기기 분야를 대표하는 보일러 기업입니다.

그리고 저희 회사는 더욱 큰 미래를 그리고 있습니다. 대한민국을 넘어 세계적인 에너지솔루션 기업으로 힘차게 도약하기 위해 '세계 시장을 만족시키고 사회적 책임을 이행할 수 있는 인재', '새로운 길을 만들고 변화를 주도해나가는 인재', '팀워크와 프로정신을 바탕으로 자아실현을 추구하는 인재'를 찾고 있습니다. 경동의 미래를 함께 만들어가고 싶다면 자신 있게 도전하십시오. 세계 속의 생활환경 창조기업 경동나비엔의 새로운 리더가 될 당신을 기다리고 있습니다.

직원 인터뷰 서진우 사원

제조업 회사라는 선입견과 보일러라는 다소 생소한 사업 분야 때문에 처음에는 "이 회사에서 어떤 일을 할 수 있을까" 하는 고민을 했습니다. 하지만 명확한 목표를 가지고 글로벌 시장에 도전하는 선배들의 모습을 보며 "이곳에서라면 어떤 일이든지 해볼만 하겠다"는 자신감과 희망을 갖게 됐습니다. 실제로 경동나비엔은 미국, 러시아, 영국, 중국 등 해외 공략에 박차를 가하고 있으며, 중소기업진흥공단으로부터 '일하기 좋은 기업'으로도 선정되었습니다.

또한 학점이수제를 기반으로 부족한 부분을 채워갈 수 있도록 스스로 교육과정을 설계하고, 어학, 직무 등 다양한 분야를 공부할 수 있도록 지원하는 배려도 감동이었습니다. 덕분에 지금은 역량을 키워 글로벌 무대에서 도약하고 싶다는 꿈을 꾸고 있습니다.

까사미아

◆ ◆ ◆

행복한 나의 집
casamia

기본정보

업종	매출	지역
도소매 가구 및 생활소품 등	**1,200억 원**	**경기 분당**

임직원수	근속연수	주소
500명	**평균 7년**	경기도 성남시 분당구 황새울로 358 6 - 8층 전화: 031 - 780 - 7100 팩스: 031 - 701 - 1953

채용정보

홈페이지 www.casamiashop.com
채용요건 대졸
채용분야 영업, 생산, 연구개발 등
채용전형 서류전형→1차 면접→최종 면접→건강검진
채용계획 수시채용

부가정보

복리후생 유류비 지원, 직원 대출, 생일·명절선물 제공
보상제도 우수사원 포상, 우수제안 포상, 장기근속 포상, 인센티브
경력개발 지원제도 교육비 지원

까사미아 오프라인 전시장 플래그십 스토어 압구정점 전경

기업 소개

생활소품까지 취급하며 토털 인테리어
브랜드로 거듭나고 있는 까사미아

까사미아는 가구에서부터 각종 소품에 이르기까지, 집을 꾸미는
홈퍼니싱Home furnishing 관련 제품들을 취급하는 '토털 인테리어 브랜드'
다. 1982년 설립 이후 '라이프스타일 스토어'를 표방하며 생활 인테리
어 소품을 판매했고, 1991년부터는 국내 가구기업 최초로 침구 개발
및 판매를 시작했다. 까사미아는 유아에서부터 중장년에 이르는 모
든 이들을 위해, 주거공간과 사무공간에 어울리는 가구, 침구, 소품
등 5,000여 가지의 품격 있고 독창적인 스타일의 제품을 개발해 공급
중이다.

까사미아는 단순히 가구와 소품을 판매하는 매장에 머물지 않고

까사미아 플래그십 스토어 전시 모습

국내 1호 부띠크 디자인호텔 '라까사'와 캐주얼 다이닝 레스토랑 '까사밀' 등 인테리어 트렌드를 체험할 수 있는 공간도 운영하고 있다. 또한 잘 알려지지 않은 해외 프리미엄 소품 브랜드를 국내 시장에 선보이며 소비자들에게 해외 트렌드를 소개하는 동시에 가구와 소품의 연계 판매를 높이고 있다.

매장을 통해 고객의 주거공간을 위한 가구, 침구, 생활소품 등 다양한 상품을 소개하고 스타일을 제안함으로써, 고객과 함께 '행복한 나의 집'을 만들고자 하는 목표를 지니고 있다.

현재 80여 개의 직영점, 대리점, 백화점 매장 유통망을 보유하고 있으며, 국내에서 가장 높은 기업신용등급을 받는 등 탄탄한 재무구조와 높은 현금흐름성을 자랑한다.

대외적으로도 '서울리빙디자인페어 대상' 5회 수상, 2013년 '서울디자인 스팟' 선정 등 국내 가구 시장을 선도하는 디자인으로 두루 인정받고 있다. 기존 고객의 재구매율이 87%에 달할 정도로 두터운 고객층을 보유하고 있으며, 특히 20대 후반에서 30대 후반의 신혼부부와 중년층의 충성도가 매우 높은 편이다.

현장의 목소리

임원 인터뷰 이현구 대표

까사미아는 국내 1세대 홈퍼니싱 브랜드입니다. '라이프스타일 스토어'를 표방하며 창립 이후부터 다양한 생활 인테리어 소품을 선보여왔습니다. 1991년 국내 가구 기업 최초로 침구 개발 및 판매를 시도하기도 했습니다. 현재는 많은 해외 유명 소품 브랜드들과 파트너 관계를 맺어 까사미아의 디자인 정체성인 '모던 내추럴'을 기본으로 최신 트렌드를 재해석한 제품을 선보이기 위해 노력하고 있습니다. 따라서 넓은 시야를 가졌으며, 여러 가지 정보를 바탕으로 항상 새로운 것을 창조하는 미래 지향적인 인재를 선호합니다.

직원 인터뷰 조은아 사원

까사미아에는 자유롭게 의견을 나눌 수 있는 기업문화가 정착되어 있습니다. 또 창의적인 사고를 할 수 있도록 직원들에게 활기를 불어넣어주는 기업입니다. 이런 기업문화는 소비자의 필요에 따라 다양한 기회를 모색해야 하는 B2C 기업 까사미아에 든든한 원동력이 되고 있습니다.
마찬가지로 빠르게 변화하는 내외부의 환경에 능동적으로 대처할 수 있으며, 진취적이고 창의적인 사고를 가진 인재가 까사미아에 필요합니다.

동화그룹

◆ ◆ ◆

Dongwha

기본정보

업종	매출	지역
제조업, 도매업 PB, MDF, MFB, 바닥재, 벽장재 등	**6,749억 원**	**서울, 인천, 충남 아산**

임직원수	근속연수	주소
1,100명	**사무직 7.6년** **생산직 17.5년**	서울특별시 영등포구 여의나루로 53 - 2 전화: 02 - 2122 - 0653

채용정보

홈페이지 www.dongwha.co.kr

채용요건 대졸

채용분야 영업, 생산, 연구개발 등

채용전형 서류전형→면접

채용계획 수시채용

부가정보

복리후생 기숙사 운영(인천/아산), 식사(중,석식) 제공, 건강검진, 경조사 지원, 자녀학자금 지원, 주택자금대출, 퇴직연금(누진제), 법인 콘도·휴양지·연수원 제공, 복지 마일리지 제도 운영, 사내 동호회 운영

보상제도 각종 포상, 수상자 대상 해외사업장 탐방, 인센티브

경력개발 지원제도 신입사원 OJT, 승진자 교육, 사내 스터디그룹, 온라인 교육, 공연·문화·행사·도서구입비 지원

동화기업 사내 그린라운지

기업 소개

동화기업 본사 전경

1948년 서울 왕십리의 제재소로 출발한 동화기업은 1968년 7월부터 인천에서 가공목재 제품들을 생산하며 성장의 기틀을 마련했다.

국내 강화마루 시장에서 40%를 웃도는 시장점유율로 1위를 기록하고 있는 동화기업은 소비자들에게 바닥재 브랜드 '동화자연마루'로 잘 알려져 있다. 바닥재나 벽장재 등 소비재뿐만 아니라 PB파티클 보드, MDF 중밀도섬유판 등 가공목재 제품을 만드는 글로벌 건자재 전문기업이다.

동화기업이 생산하는 PB와 MDF 등의 제품은 목재 자급률이 10%대에 불과한 우리나라 임업 환경에 기여하는 바가 크다. 건설 현장에서 버려지는 폐목재나 원목 생산 후 생기는 부산물을 재활용하여 사

동화기업 베트남 공장 전경

용하기 때문이다.

성장의 원천이 된 목질판상재 사업의 기술력을 바탕으로 동화기업은 목판 생산에 필요한 수지 화학부터 강화마루, 나무 벽장재 등 소비재 생산까지 관련 산업의 수직계열화를 시도했다. 이를 통해 국내 대표적인 목재 전문기업으로 자리매김했고, 2000년대에 들어서면서부터는 미래 성장동력으로서 해외 시장을 적극적으로 공략하고 있다. 그 결과 베트남, 호주, 말레이시아, 뉴질랜드 등 4개국에 제재 및 생산기지를 건설하며 국내를 넘어 글로벌 목재 전문기업으로 도약 중이다.

현재 해외법인은 놀라운 성장세를 보이고 있는데, 그중에서도 베트남은 지난 2012년 공장을 준공한 이후 설립 3년 만에 영업이익률이 36%에 달할 정도다. 따라서 2015년 베트남에 2번째 생산라인을 착공했고, 2016년 말까지 완공할 예정이다. 또한 새로운 거점 지역을 계속해서 발굴하고 있다.

해외 시장에서 매출 상승세가 지속되면서 동화기업은 2015부터 2년 연속 창사 이래 최대 실적을 경신했다. 회사는 끊임없는 기술 혁신을 바탕으로 바닥재, 벽장재 이외의 기타 인테리어 제품군으로 생산을 확대해나갈 계획이다.

현장의 목소리

임원 인터뷰 김홍진 대표

동화기업은 지난 60여 년간 목질판상재 기술력을 가지고 소재, 화학, 건장재 등 고부가가치 제품군으로 사업 영역을 확장하며 시장의 선두주자로 자리매김했습니다. 또한 국내를 넘어 해외로 진출하면서 글로벌 목재 전문기업으로서의 위상을 강화하고 있습니다.

우리 회사의 핵심 가치는 '행복', '신뢰', '인재 중시', '변화와 혁신', '윤리·투명경영'입니다. 이런 가치들은 동화의 지속 가능한 성장을 뒷받침해왔습니다. 앞으로도 직원들이 즐겁고 행복하게 일할 수 있도록 다양한 지원을 아끼지 않을 것입니다.

직원 인터뷰 조용한 사원

국내 강화마루 시장점유율 40%를 상회하는 업계 1위 기업이자 계속해서 신규 시장을 만들어가는 동화기업에서 영업사원으로 일한다는 것은 큰 행운입니다.

현재 위치에 안주하는 대신 새로운 시장을 개척하기 위해 끊임없이 도전하고 실제로 목표를 달성하는 동료 사원들과 함께하며 저 자신도 훌쩍 자라났다고 느낍니다.

회사에서 승진자 교육 등 배울 기회를 많이 제공하기 때문에 성장의 기회가 더욱 큽니다. 소재 산업 분야에서 국내를 넘어 세계 1위로 뻗어나가고 있는 동화기업에서 도전의 즐거움을 함께 느끼면 좋겠습니다.

디비케이

◆◆◆

기본정보

업종

제조업

사무용 의자, 사무용 가구,
가구 부품 등

매출

348억 원

지역

**서울, 인천,
충남 천안**

임직원수

184명

근속연수

평균 4년

주소

인천시 서구 가재울로
32번길 27

전화: 032 - 816 - 4814

채용정보

홈페이지 www.duoback.co.kr

채용요건 고졸, 초대졸, 대졸

채용분야 해외영업, 영업지원, 자재 관리, 의자 디자인, 온라인 MD 등

채용전형 서류전형→면접

채용계획 수시채용

부가정보

복리후생 구내식당·휴게실 운영, 식대 지급, 교육비 지원, 경조사 지원, 통신비(관련직무자) 지급, 직원 대출 제공, 생일·명절 선물, 선택적 복리후생제도 운영

보상제도 장기근속 포상, 인재추천 포상, 마중물 제도, 인센티브(관련 직무자)

자기개발 지원제도 신입사원 OT, 직무능력 향상교육, 전화영어

디비케이 오프라인 전시장 리얼컴포트 입구

기업 소개

디비케이 듀오백 의자 생산 현장

    디비케이는 등받이 의자인 '듀오백'을 통해 국내 인간공학 의자 시장을 선도하고 있는 제조 기업이다. 지속적인 연구개발로 꾸준히 혁신적인 제품을 선보이며 동종업계에서 앞서나가는 기업으로 평가받는다.

    국내 최초로 천연 라텍스 좌판을 사용한 의자 '듀오텍스'는 앉았을 때의 편안함이 뛰어나 일반 고객의 구매뿐만 아니라 기업에서의 대량 구매도 자주 이뤄지는 제품이다. 라이프스타일 변화에 맞춰 의자 머리받침 부분에 블루투스 스피커를 접목해 모바일기기와 함께 사용할 수 있는 스마트 가구 '듀오웨이브'를 업계 최초로 선보이기도 했다. 그 외에도 회전과 고정을 자유롭게 제어할 수 있는 아동용 의자

디비케이 공장 내부

인 '듀얼린더', 여성의 인체에 맞춰 전용 좌판을 적용한 '듀오레이디' 등 고객이 필요로 하는 가구 개발에 매진하고 있다.

2014년 인간공학에 대한 노하우를 살려 헬스케어 유통 브랜드 '리얼컴포트'를 론칭하며, 오프라인 유통업에도 진출했다. 리얼컴포트는 현재 잠실 롯데월드몰점을 포함해 11개 매장으로 운영 중이며 전국적으로 매장을 더 확대할 방침이다. 이렇듯 디비케이는 오프라인 매장을 통해 고객에게 보다 편안하고 가깝게 다가가려고 한다.

또한 고객과의 친밀도를 높이고 젊은 층과 눈높이를 맞추기 위해 다양한 마케팅 활동도 진행하고 있다. 2016년도에는 '아이돌 직캠 콘셉트'로 바이럴 영상을 제작했고, 신촌의 차 없는 거리에서 의자를 타고 레이스를 펼치는 '듀오백 의자왕 레이싱' 대회를 개최해 제품의 내

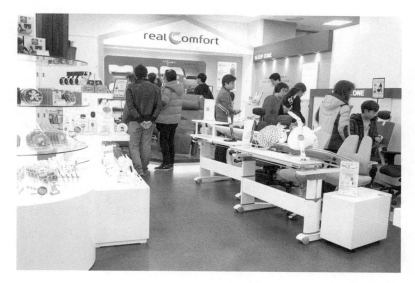

디비케이 리얼컴포트 대구 칠곡점 매장 내부

구성을 즐거운 방법으로 체험할 수 있는 기회를 마련하는 등 고객과의 접점을 넓히고 있다.

또한 디비케이는 안정적인 재무 상태를 기반으로 철저한 투명경영을 실천하고 있다. 특히 무차입 경영을 모토로 임직원에게 수익을 분배하는 '마중물' 제도를 운영하며, 기업과 임직원의 동반성장을 도모하고 있다.

현장의 목소리

임원 인터뷰 정관영 대표

디비케이는 '고객의 편안함이 우리의 행복'이라는 이타
자리(利他自利) 정신으로 고객의 편안함을 위해 끊임없
이 노력하는 기업입니다.

'열정', '창의', '개방', '존중', '정직'이라는 가치는 디비
케이를 움직이는 원동력입니다. 고객에게 보다 편안한
제품과 서비스를 제공하고자 저희 기업은 고정관념에
얽매이지 않고 업무에 진취적으로 임하는 인재를 찾고 있습니다. 이타자리 정신을
가진 인재와 함께 디비케이의 미래를 개척해나가고자 합니다.

직원 인터뷰 이희주 대리

디비케이는 직원의 능력 개발에 투자하는 회사입니다. 영어회화
능력을 기를 수 있도록 전화영어 프로그램을 운영하고 있으며,
개인·직무별로 필요한 강좌를 수강할 수 있도록 교육비를 지원
합니다. 또한 모든 직원을 정규직으로 채용해 인사고과나 사내
복지 등에 차별이 없도록 보장하고 있습니다.

그 외 개인이 원하는 대로 복리후생 혜택을 선택할 수 있는 '복지 포인트' 제도를 운
영하고 있습니다. 복지 포인트는 다양한 분야에 사용할 수 있으며 근속연수, 결혼,
자녀 출산 등에 따라 추가 지급됩니다.

회사의 이익이 늘어나는 만큼 직원에게 환원하는 '마중물 제도'는 직원들이 자발적
으로 일할 수 있도록 합니다. 매년 초 계획한 매출 성장률에 도달할 경우 세후 순이
익의 10%를 직원에게 지급하는 제도입니다. 이때 50%는 현금, 50%는 자사 주식
으로 지급하므로 회사의 성장이 곧 나의 성과가 됩니다.

성광유니텍

◆ ◆ ◆

기본정보

업종	매출	지역
제조업 PVC 창호, 방범안전창 셀프시큐리티 등	**300억 원**	**서울, 대전**

임직원수	근속연수	주소
80명	**평균 4.2년**	대전시 중구 대둔산로 255 번길 21(안영동, 성광빌딩) 전화: 042 - 583 - 9121

채용정보

홈페이지 www.sgunitech.kr

채용요건 대졸

채용분야 영업, 웹디자인, 연구개발 등

채용전형 서류전형→면접

채용계획 수시채용

부가정보

복리후생 기숙사 제공, 식비 지원, 자녀학자금 지원, 경조사 지원, 유류비 지원, 생일 선물 제공, 사내 동호회 지원

보상제도 우수사원(우수사원, 준우수사원, 모범사원) 포상, 우수사원 해외연수, 우수제안 포상, 장기근속 포상

경력개발 지원제도 교육비 지원

성광유니텍 본사 전경

기업 소개

성광유니텍의 스마트 방범안전창 윈가드 생산 공장 전경

　성광유니텍은 지난 1964년에 설립돼 50년 넘는 역사를 가진 대전의 대표 기업이다. 2004년에 법인으로 전환한 성광유니텍은 풍부한 경험과 우수한 기술력을 보유한 창호 전문기업으로, 안전한 세상을 선도하고 있다.

　성광유니텍은 설치된 창호의 상태를 확인하고, 불편사항을 바로 개선하는 등 현장경영을 시행하며 단위세대의 빈집털이나 추락사고 등 범죄와 사고 예방이 매우 중요하다고 판단했다. 동시에 기존의 창들은 건물 외부의 공기를 막아주는 정도의 제품일 뿐 안전에 매우 취약하다는 문제의식을 갖게 되었다. 기존의 한계를 넘는 제품을 만들기 위해 지속적으로 연구개발한 결과 세계 최초로 창문에 ICT 기술을 접목한 스마트 방범안전창 '윈가드WINGUARD'를 출시할 수 있었다.

원가드는 고강도 스테인레스 소재로 1톤의 충격에도 견디는 강한 내구성을 갖췄으며, 센서를 부착하면 외부에서의 침입 시도를 감지해 거주자의 휴대폰으로 알려주는 신개념 보안 시스템이다. 폐쇄회로CCTV를 통해 상황을 확인한 후 경찰에 바로 신고할 수도 있다. 독자적인 기술력과 우수한 품질 덕분에 이 제품은 성광유니텍의 신성장 동력 사업으로 자리매김했다. 또한 유비쿼터스 안전도시 구현에도 앞장서고 있다.

성광유니텍은 2013년 미래창조과학부의 창조경제대상 '국무총리상'과 2013~2015년 3개년 연속 한국표준협회의 '제품혁신대상'을 수상했다. 2015년에는 중소기업청의 '으뜸중기제품'으로 선정되기도 했으며, 2016년에는 산업부문 최고의 상으로 불리는 한국산업기술진흥협회의 'IR52 장영실상'을 수상하며 제품의 혁신성과 기술의 우수성을 입증했다.

앞으로는 한국표준연구원과 공동으로 개발한 '원가드 3'을 출시해 수출할 예정이다. 또한 셀프 시큐리티Self Security, 그린 리모델링Green Remodeling 등으로 사업 분야를 계속해서 넓혀갈 계획이다.

현장의 목소리

임원 인터뷰 윤준호 대표

성광유니텍은 역사에 대한 도전과 창의적 지혜를 바탕으로 세상의 안전을 꿈꾸며 미래를 선도하는 기업입니다. 사람 중심의 인재경영을 근본으로, 부지런하고 곧은 성품의 '정직한 성광인', 유연한 사고로 쭉쭉 뻗어나가는 '창달의 성광인', 기존 틀에 안주하지 않는 '도전의 성광인'을 기업의 자산으로 생각하고 있습니다. 따라서 직원들이 각자 보유한 역량을 최대한 발휘할 수 있도록 기회의 장을 제공하며, 그들의 꿈을 기업의 성장 원동력으로 키워나가고 있습니다.

또한 "푸른 숲이 되려거든 함께 서라"는 말처럼 서로 소통하고 조화되는 조직을 만들고, 최고의 효율성을 달성하기 위해 노력합니다. 성공보다는 성장을 추구하며, 회사와 직원이 함께 성장하는 기업입니다.

직원 인터뷰 손지애 주임

성광유니텍은 무지개처럼 각양각색의 색깔들이 하나로 합쳐져 찬란하게 빛나는 곳입니다. 직원들이 각자의 역량을 발휘하고, 자유롭게 아이디어를 제안할 수 있도록 수평적 체제를 마련해 업무의 효율성과 신속성을 높였습니다.

하루 중 많은 시간을 함께하기에, 저희 회사는 팀워크를 가장 중시합니다. 따라서 정기적인 사내 체육대회와 워크숍을 통해 직원 간의 단합과 소통의 시간을 갖습니다. 업무 이외에 스포츠, 음악, 미술 등 취미활동을 서로 공유하는 시간을 함께하기도 합니다. 교육 지원, 일학습병행제를 통해 역량개발도 꾸준히 할 수 있습니다. 이처럼 직원들 스스로 활기찬 근무환경을 만들어나가는 일터입니다.

아이에스동서

◆ ◆ ◆

IS 아이에스동서

기본정보

업종	매출	지역
건설업, 건자재 제조업 타일, 파일, 위생도기, 아파트, 주상복합 등	**8,000억 원**	**서울**

임직원수	근속연수	주소
1,217명	**평균 10.5년**	서울특별시 강남구 영동대로 741(청담동, 은성빌딩) 전화: 02-3218-6701

채용정보

홈페이지 www.isdongseo.co.kr

채용요건 부문별 상이

채용분야 영업, 생산, 연구개발 등

채용전형 서류전형→면접

채용계획 수시채용

부가정보

복리후생 구내식당 운영, 건강검진, 자녀학자금 지원, 경조휴가 및 경조비 지원, 유류비 지원, 휴가비 지원, 직원 대출, 명절 선물 제공, 사내 동호회 지원

보상제도 장기근속 포상, 인센티브

경력개발 지원제도 신입사원 OT, 핵심가치 교육 및 내재화 교육, 계층별 리더십 교육, 승진자 교육, 직무역량 향상교육, 외부 위탁교육, 외국어 교육

아이에스동서 본사 전경

기업 소개

아이에스동서 직원들을 위한 '김성근 감독과의 대화' 행사

아이에스동서는 1989년 주택사업을 시작으로 아파트, 주상복합, 빌라 등 다양한 건축사업과 토목공사를 통해 부산·경남의 대표적인 건설사로 성장한 일신건설산업과 1975년 설립돼 국내 건축자재업계의 선두주자가 된 동서산업이 만나 탄생한 기업이다.

국내 최초의 건설 건자재 법인이자 국내에서 유일하게 콘크리트부터 건자재까지 건설에 필요한 일체를 한꺼번에 다루는 기업이기도 하다. 콘크리트 파일Pile 시장 1위, 타일 시장 1위 등을 차지하고 있으며, 주택 브랜드 '에일린의 뜰'과 건자재 브랜드 '이누스Inus'를 통해 소비자들에게 높은 브랜드 신뢰도를 보유하고 있다. 또한 2010년 4월 코스피200 기업에 편입되며 견실한 경영실적과 업계 대표성을 인정받았다.

각각 2010년과 2011년에 위생도기 전문기업인 삼홍테크와 사무용기기 렌탈업체인 한국렌탈을 인수하고, 해운사업에 진출하는 등 사업다각화를 하며 내실을 견고히 다지고 있다.

아이에스동서는 크게 3개의 사업부로 나뉘어 있다. 건설 사업부에서는 다양한 아파트, 주상복합, 오피스텔, 아파트형 공장과 같은 선진적이고 가치가 높은 주택상품을 만들며 수준 높은 주거 문화를 선도하고 있다. 또한 초일류 기업으로의 도약을 준비하며 동남아시아 지역과 러시아, 남아프리카공화국 등 해외 여러 지역을 조사하고 있다.

요업 사업부에서는 국내에서 가장 많은 위생도기를 생산 중이다. 우수한 품질과 디자인으로 9년 연속 한국통상자원부 주체 '한국 굿 디자인' 선정, 위생도기 업계 최초로 '한국 굿 디자인' 대상, 2010년 '올해의 디자이너상'을 잇따라 수상했다. 타일 부문에서 역시 한국표준협회 주관 'KS 제품 품질우수기업'으로 8년 연속 선정되는 등 압도적인 기술력과 다양한 디자인을 보유하고 있다.

콘크리트 사업부에서는 고도화된 기술로 아시아 최대 규모를 자랑하며, 업계 최고 품질의 콘크리트를 생산하고 있다. 대표적인 생산품으로 파일과 PC~Precast Concrete~가 있는데, 그중에서도 압력을 가해 일반 콘크리트의 결점을 보완한 PHC 파일은 국내 최초로 자체제작되었으며 국내 시장점유율 1위, 국내 최대 생산규모를 보유하고 있는 제품이다.

현장의 목소리

임원 인터뷰 권민석 대표

아이에스동서는 인재가 가장 큰 자산이라고 생각하며 구성원들이 행복하게 일할 수 있는 환경 조성에 최선을 다하는 회사입니다. 저희 회사의 인재상은 '업무를 주도적으로 이끌어가고자 하는 열정과 주인의식을 가진 사람', 그리고 '어떤 상황에 처했을 때든 창의적인 사고와 행동력을 발휘하여 효율적인 해결책을 찾는 사람'입니다.

직원들을 이런 인재로 성장시키고자 각종 교육 프로그램을 운영하고 있으며, 사내외 세미나 참여 기회를 제공합니다. 또한 구성원 개개인의 발전을 위한 학습 시간과 비용을 적극적으로 지원하고 있습니다. '회사는 인재가 만들어 가는 것'이라는 신념 아래 직원들에 대한 투자를 아끼지 않으며, 회사를 통해 개개인이 성장할 수 있는 환경을 만들어가고 있습니다.

직원 인터뷰 이달원 사원

아이에스동서는 일반소비재보다는 특판 시장에 제공되는 제품과 서비스를 주로 다루는 회사인 탓에, 규모나 전통에 비해 인지도가 높은 편은 아닙니다. 그러나 저희 회사는 건설 사업부를 비롯한 여러 사업부와 계열사가 있기 때문에, 다양한 직무와 전공자들이 모여 있습니다. 이러한 다양성 덕분에 무엇이든 배울 수 있는 기회가 열려 있고, 자신이 노력하는 만큼 많은 기회가 주어집니다.

저희 회사의 핵심역량은 '도전', '열정', '신뢰'입니다. 도전하는 자세로 열정을 가지고 일한다면 반드시 성취감을 느낄 수 있는 기회가 주어질 것입니다. 아이에스동서라면 인생을 걸고 도전해보기에 충분한 회사라고 생각됩니다. 여러분도 저처럼 도전해보시지 않으시겠습니까?

아주산업

◆ ◆ ◆

아주

기본정보

업종	**매출**	**지역**
제조업 건축자재 (레미콘, PHC 파일) 등	**4,078억 원**	**서울**
임직원수	**근속연수**	**주소**
307명	**평균 8.8년**	서울특별시 서초구 강남대로 351 전화: 02 - 3475 - 9792

채용정보

홈페이지 www.recruit.aju.co.kr

채용요건 대졸

채용분야 영업, 생산, 연구개발 등

채용전형 서류전형→면접

채용계획 수시채용

부가정보

복리후생 구내식당 운영, 건강검진, 단체상해보험, 자녀학자금 지원, 의료비 지원, 핸드폰 유지비 지원, 차량 유지비 지원, 경조사 지원, 동계휴양지(제주 하얏트 호텔) 제공, 아주복지몰 운영(선택적 복리후생제도)

보상제도 자격수당

경력개발 지원제도 신입사원 OT, 리더십 교육, 슈퍼스타 AJU 운영(국내외 MBA 학자금 전액 지원), 직무교육, 아주사이버연수원 운영 (매월 1과정 이상 수강 가능)

아주산업의 PHC 파일 공장 전경

기업 소개

아주산업 본사 전경

    아주산업은 1960년대 경제기반이 무너진 국가를 재건하고자 했던 사업보국事業報國의 철학과 개척의지를 가지고 출범한 건자재 업체이다. 특히 새로움에 대한 욕구와 변화에 대한 도전정신을 뜻하는 '개척자 정신'이 회사 설립의 기반이 됐다.

    아주산업은 1960년 농어촌 전기 공급 사업이 활성화되고 전신주에 대한 수요가 급격히 증가하는 상황에서 목재 전신주를 대신할 콘크리트 전신주를 개발하며 성장했다. 부동산 개발 붐이 일었던 1970년대에는 건설용 고강도 흄파이프Humepipe를 공급하며, 국내 굴지의 건자재 업체로 자리 잡았다.

1980년대에는 레미콘 사업에 진출하고, 전국 각지에 공장을 지으며 선도기업의 기틀을 다졌다. 레미콘 수요가 급증하면서 아주산업은 국내 레미콘업계의 '빅3'로 떠올랐다. 창립 초기 30여 년간 콘크리트의 일종인 레미콘, 아스콘, 파일 등 건자재 생산에만 전념한 것이 이후 그룹의 외연을 확장시키는 데 밑거름이 됐다.

변화와 혁신에 대한 욕구는 사업 확장, 해외 시장 진출 등 거창한 분야에서만 이뤄지지 않았다. 이미 경쟁우위를 가진 핵심 분야에서도 끊임없이 잘못된 점을 개선하며 제품을 발전시키고 있다. 혁신과 도전에 대한 열정은 고기능 제품 개발은 물론 첨단 IT기술 도입, 대외수상 등의 성과로 이어졌다.

그 결과 업계 최초로 콘크리트 파일 등의 제품에서 'KS마크'를 획득했으며 '국가품질경영대상'을 수상해 기술과 품질면에서 인정전문기업으로 평가받고 있다. 또 업계 최초로 친환경브랜드인 '그린웍스 _{Green Wox} 콘크리트'를 선보이며, 국내 레미콘업계에서는 유일하게 한국표준협회의 '품질 · 환경 · 안전보건 경영시스템(ISO 9001, ISO 14001, OHSAS 18001)' 통합인증을 획득했다. 업계 최초로 전자결재시스템을 도입하고, 레미콘 전 차량에 GPS 시스템을 장착해 고객 맞춤서비스를 제공하기도 했다.

현재 아주산업은 레미콘, 아스콘, 원심력 콘크리트, 골재 등을 생산하고 있으며 국내외에 10여 개의 생산 공장을 보유하고 있다. 또 베트남, 캄보디아 등 해외 시장 진출에도 성공하며 국내를 넘어 건설자재 분야 글로벌 리더로 자리매김하고 있다.

'기업 경영은 첫째도 인재, 둘째도 인재, 셋째도 인재'라는 철학에 따라 즐거운 일터 만들기에도 앞장서고 있다. 인재들이 일하고 싶은

베트남 해외봉사 활동에 참가한 아주산업의 직원들

일터, 출근하고 싶은 회사를 만들기 위해 개인의 업무역량을 높일 수 있는 다양한 사내활동 프로그램과 동호회를 운영 중이다.

핵심인재 공모제도인 '슈퍼스타 AJU'를 통해 국내외 MBA 과정의 학비와 전형료 일체를 대신 지급하기도 한다. 이처럼 회사 차원의 학습체계를 구축했으며, 직원들의 가치향상과 비전실현을 유도하고 있다.

현장의 목소리

임원 인터뷰 박상일 대표

아주산업은 1960년 창업 이래 '개척자 정신'을 바탕으로 건자재 분야에서 최고 기술력을 갖춘 기업으로 성장했습니다. 이에 만족하지 않고 풍부한 경험과 기술력을 토대로 끊임없이 혁신하여 글로벌 리더로 나아가고 있습니다.

앞으로도 저희 회사는 '국가와 사회를 위해 무엇이든 이바지하겠다'는 창업정신을 이어받아 전 임직원이 기업의 사회적 책임활동에 동참하는 등 국가와 사회에 받은 사랑을 보답하고자 노력할 것입니다. 한결 같은 마음으로 고객과 함께 성장하고 싶은 인재라면 언제든지 환영입니다.

직원 인터뷰 이창주 매니저

아주산업은 아메바 경영, 직급체계 변화 등 새로운 제도를 도입해 수평적이고 효율적인 기업문화를 정착시키기 위해 계속 노력 중입니다.

저희 회사는 성장을 위한 교육 기회를 끊임없이 제공합니다. 온라인 교육을 통해 자신의 부족한 부분을 언제든 보완할 수 있고, 필요한 경우 전문기관을 통해 교육을 이수할 수도 있습니다.

또한 저희 회사에는 본사는 물론 지역 사업장의 직원들까지 참가하는 야구 동호회와 농구 동호회가 있습니다. 공동체 의식을 키우며, 스트레스를 건강하게 해소할 기회도 제공합니다.

에넥스

◆ ◆ ◆

ENEX

기본정보

업종

제조업
주방 가구, 붙박이장,
인테리어, 혼수 가구,
주방 기기 등

매출

3,083억 원

지역

서울

임직원수

480명

근속연수

평균 8.7년

주소

서울특별시 서초구
서초대로 73길 40
전화: 02-2185-2000

채용정보

홈페이지 www.enex.co.kr
채용요건 대졸
채용분야 영업, 생산, 연구개발 등
채용전형 서류전형→면접
채용계획 수시채용

부가정보

복리후생 기숙사 운영, 건강검진, 자녀학자금 지원, 경조사 지원, 직원 선물 제공, 휴양시설 지원, 사내 동호회 지원

보상제도 평가연봉제, 동기부여 포상, 장기근속 포상, 성과급, 인센티브제

경력개발 지원제도 신입사원 OT 및 OJT, 리더십 교육, 직무능력 향상교육, 도서구입비 지원

에넥스 사내 회의 현장

기업 소개

에넥스 본사 전경

에넥스는 1971년 창립한 한국 주방 가구의 선구주자다. 현재는 인테리어 가구, 붙박이장, 학생용 가구, 사무용 가구 등 다양한 영역으로 사업을 확대해 글로벌 종합 시스템가구 기업으로 거듭나기 위해 노력하고 있다.

에넥스는 국내 최초로 주방용 개수대 '싱크볼'을 제작·보급해 입식주방의 대중화에 앞장섰으며 업계 최초로 '색 도장가구'를 선보이며 주방 가구의 패션화를 이끌었다. 또한 국내에서는 유일하게 접착제를 사용하지 않는 가구 '워터본_{WaterBone}'을 선보이며 친환경 가구 개발에도 앞장서고 있다.

산업통상자원부 주관 '한국 굿 디자인' 최우수상 수상

    가구업계 최초 상장기업이며 우수산업디자인 '대통령상', 국가품질경영대회 '금탑산업훈장', 국가품질혁신상 '대통령상' 수상과 8년간 고객만족도 1위, 11년 연속 '품질경쟁력 우수기업' 선정 등 다양한 수상실적을 보유하고 있다.

    현재 미국, 중남미, 동남아시아 등 세계 20여 개국에 제품을 수출하고 있으며, 글로벌 브랜드로 거듭나기 위해 기반을 강화해나가고 있다.

현장의 목소리

임원 인터뷰 박진규 대표

에넥스는 국내 최초로 입식 주방문화를 도입한 기업입니다. 건강과 환경을 생각하는 친환경 기술과 트렌드를 앞서가는 디자인으로 풍요롭고 안락한 생활공간을 책임져 왔습니다. '인간 중심 가구'라는 철학을 바탕으로 주방은 물론 거실, 침실, 사무실 등 모든 생활 공간을 아름답고 편리하도록 만들기 위해 노력하고 있습니다.

경영철학인 '인재 중시'는 저희 회사가 대한민국을 대표하는 주방 가구 업체로 성장하는 데 밑거름이 되었습니다. 이러한 철학을 바탕으로 '열정과 긍지를 가진 창의적 전문인'이라는 인재상을 설정하고, 적합한 인재를 채용해 꾸준히 육성하고 있습니다. 능동적으로 최선을 다하는 열정과 회사의 일원으로서의 긍지, 창의적인 자세를 가진 분, 꾸준한 자기계발로 전문가가 되고자 하는 분들과 함께하길 바랍니다.

직원 인터뷰 임경헌 사원

처음 입사했을 때는 제조회사라 분위기가 딱딱하지 않을까 걱정했습니다. 하지만 에넥스는 유연한 조직문화와 편안하고 따뜻한 분위기를 자랑하고 있습니다. 무엇보다 자기계발을 위한 교육 프로그램이 잘 마련돼 있어 좋습니다. 특히 일학습병행제를 통해 직원 개개인의 역량 개발을 위해서 힘쓰고 있습니다. 저 역시 연 2회 이상 직무역량강화 교육을 이수하며, 전문가가 되기 위해 역량을 키우고 있습니다.

에넥스는 2015년 사상 최대 매출을 달성하는 등 계속 성장하고 있는 기업입니다. 홈인테리어 시장과 리모델링 시장의 성장 가능성에 비춰볼 때, 저희 회사는 지금보다 미래가 훨씬 더 밝은 기업입니다. 때문에 에넥스에 입사하신다면 내가 회사를 성장시킨다는 보람을 느낄 수 있을 것입니다.

오텍캐리어

◆◆◆

기본정보

업종	**매출**	**지역**
제조, 판매, 서비스	**5,644억 원**	**서울, 광주**
가정용 및 경상업용 에어컨, 보일러, 빌딩공조, 공기조화기 및 열차용 에어컨, 공기청정기, 제습기 등		
임직원수	**근속연수**	**주소**
416명	**평균 20.3년**	서울특별시 강남구 논현동 19 - 7 전기공제조합빌딩 8~9층
		전화: 02 - 3441 - 8855

채용정보

홈페이지 www.carrier.co.kr

채용요건 대졸

채용분야 특판영업, 해외영업, 기술영업, 서비스, 제품개발, 전장개발 등

채용전형 서류전형→면접

채용계획 수시채용

부가정보

복리후생 구내식당·휴게실 운영, 교통비 지원, 경조사비 지원, 유류비 지원, 직원 대출, 생일·명절 선물 제공, 사내 동호회 지원

보상제도 우수사원 포상, 우수제안 포상, 장기근속 포상, 인재추천 포상, 공로상, 모범상

경력개발 지원제도 신입사원 OT 및 OJT, 리더십 교육, 직무능력 향상교육

오텍캐리어 공장 전경

기업 소개

'장애인 올림픽', '장애인의 날 행사' 후원 등을 통한 오텍캐리어의 사회공헌활동

세계 최대 규모의 냉동공조기기 전문회사인 오텍캐리어는 글로벌 캐리어와 특수차량 제조 전문기업 오텍의 합작법인으로 국내는 물론 해외에서도 에어컨 분야 선도기업의 위상을 높여가고 있다. 특히 시속 350킬로미터 이상의 고속철도에 적용하는 냉난방 공조기기를 설계 및 제작, 공급할 수 있는 국내의 유일한 업체다.

가정용 에어컨부터 경상업용, 상업용 에어컨까지 토털 공조시스템 라인업을 갖췄으며 인천국제공항, 국립중앙박물관, 킨텍스 전시관 및 KTX 고속철 등 국내외 주요 랜드마크 시설 내에 제품 및 장비를 공급하고 있다.

오텍캐리어는 글로벌 캐리어와의 실시간 기술 교류를 통해 신기술 및 신제품을 공유하고 있다. 또한 계열사들과의 시너지 효과를 극대화해 공조 시장에서의 점유율 확대는 물론 세계 시장 진출까지 꾀하고 있다. 지난 2015년에는 '이서진 에어컨'이라는 별칭을 붙인 에어콘 모델을 중국 시장에 수출했다. 또 업계 최초로 에어컨의 핵심 기술인 히트펌프 원리를 이용한 고효율 전기 보일러 '인버터 하이브리드 보일러'를 유럽에 공급했다.

이런 실적이 이어지며 오텍캐리어의 2015년 매출액(연결기준)은 5,644억 원, 당기순이익(연결기준)은 33억 원으로 전년대비 각각 14.28%와 56.63% 증가했다. 환율 상승과 글로벌 경기 침체라는 악재 속에서도 최대 매출 실적과 흑자를 달성한 것이다.

2016년에는 세계 최대 엘리베이터 전문기업인 오티스 엘리베이터 코리아와 조인트벤처를 설립하고, 자동차 파킹시스템 사업 진출에 나섰다. 또한 연 3,000억 원 규모의 생산 능력을 보유한 신규 공장을 건설하며 본격적인 세계 시장 진출을 준비 중이다.

이외에도 '미래를 위한 혁신'이라는 비전 아래, 실시간 소통하는 사물인터넷 IT시스템을 도입하는 등 최고의 에어컨 업체가 되기 위해 나아가고 있다.

현장의 목소리

임원 인터뷰 강성희 회장

오텍캐리어는 가정용 에어컨부터 경상업용, 상업용 에어컨까지 토털 공조시스템 라인업을 갖춘 에어컨 전문 기업입니다. 현재 미국과 일본, 중국 등에서 글로벌 캐리어의 계열사와 기술 제휴를 맺고, 매년 100억 원 이상을 투입해 독자적인 신제품 개발에 박차를 가하고 있습니다. 끊임없는 발전과 변화만이 기업의 생존을 보장한다고 생각하기 때문입니다.

또한 구성원들 역시 변화하는 환경에 능동적으로 대응할 수 있어야 한다고 생각하기 때문에 신입사원도 주도적으로 일할 수 있도록 권한을 부여합니다. 오텍캐리어와 함께 주인의식과 열정을 가지고 발전할 수 있는 인재를 기다리고 있습니다.

직원 인터뷰 김태원 사원

제조업의 특성상 남자 사원이 많아 딱딱한 분위기일 것 같지만 실제 사무실 분위기는 화기애애한 편입니다. 직원들이 편하게 쉴 수 있는 휴식 공간이나 사내 동호회 제도가 잘 정착돼 있어 언제나 즐겁게 일하고 있습니다.

오텍캐리어에서 신입사원에게 요구하는 것 중 하나는 바로 '주체적으로 당당하게 임해라'입니다. 직책은 존재하지만 자신의 업무만큼은 전담자로서 당당하고 주도적으로 담당할 수 있어야 한다는 뜻입니다. 지식이나 경험이 부족하더라도 적극적으로 도전하는 사람이라면 저희 회사와 잘 맞을 것이라고 생각합니다.

윌로펌프

◆ ◆ ◆

wilo

기본정보

업종	매출	지역
제조업 액체펌프 등	**1,711억 원**	**서울, 부산**

임직원수	근속연수	주소
400명	**평균 11.6년**	부산광역시 강서구 미음산단 1로 46 전화: 051 - 950 - 8000

채용정보

홈페이지 www.wilo.co.kr

채용요건 대졸

채용분야 직판영업, 유통영업, Spec - in 영업, 기술영업, 해외영업, 건설사 회계 매니저, 펌프/
에너지 진단, 전자제어, 설계/개발, 서비스 엔지니어, 품질관리, 생산관리, 구매관리, 기능직

채용전형 서류전형→인적성검사→1차 면접(실무면접)→2차 면접(임원면접)→건강검진

채용계획 수시채용

부가정보

복리후생 통근버스·구내식당·기숙사 운영, 건강검진, 중·고·대학생 자녀학자금 지원, 통신비
지원, 단체상해보험 및 의료비 지원, 경조사 지원, 배우자 출산휴가, 유급 생리휴가, 생일·결혼기
념일 선물, 사내외 체육시설 지원, 콘도 지원, 정기행사(춘계 배구/족구대회, 추계 야유회/운동회, 송
년의밤 등) , 사내 동호회 지원

보상제도 우수사원 해외연수, 우수제안 포상, 연말 우수사원 포상, 장기근속 포상, 인재추천 포
상, 정년퇴직자 공로상, 인센티브

경력개발 지원제도 신입사원 OT 및 OJT, 멘토링 제도, 리더십 교육, 직무능력 향상교육, 외국
어 교육 지원, 도서구입비 지원

기업 소개

윌로펌프 본사 전경

    윌로펌프는 1872년 독일 도르트문트에서 출범해 전 세계 펌프 및 펌프 시스템을 선도하는 윌로WILO SE 그룹의 한국 법인이다. 독일 선진 기술과 노하우를 바탕으로 고효율 펌프 및 펌프 시스템, 솔루션을 제공하며 생활용 펌프 및 빌딩서비스 분야에서 국내 1위를 달리고 있다.

    윌로펌프는 2000년 독일 윌로그룹과 LG그룹이 합작해 출범했으며, 2004년부터 '윌로Wilo'라는 단일 브랜드로 새롭게 선보였다. 혁신적인 기술력과 고객만족 서비스를 통해 현재 빌딩서비스뿐만 아니라 수처리 및 산업용 분야로 시장을 확대해나가고 있다.

    윌로펌프가 부산에 준공한 신공장은 2013년 업계 최초로 친환경 건축물 인증을 받았다. 이 공장은 1년간 생활용 펌프 100만 대와 산

윌로펌프 공장 내부와 직원들

업용 펌프 10만 대를 생산할 수 있으며, 대형펌프를 가공 및 조립할 수 있는 시설과 시험 설비를 구축하고 있다. 국내에서 생산된 제품들은 전 세계 약 50여 개국에 수출된다.

또한 윌로펌프는 윌로그룹 내에서 독일, 프랑스에 이어 3번째로 큰 규모의 연구개발센터를 보유하고 있다. 연구개발 인력의 경우 독일 본사에서의 교환 근무를 통해 선진 기술을 익힐 수 있는 기회도 주어진다.

윌로펌프는 업계 최고의 복리후생을 제공해, 직원들이 업무에 최선을 다할 수 있도록 지원을 아끼지 않고 있다. 무엇보다 '직원 건강이 회사의 가장 큰 경쟁력'이라는 철학으로, 직원들의 건강관리에 힘쓰고 있다. 그 예로 본인뿐만 아니라 배우자, 부모, 배우자의 부모, 자녀에 대해서도 의료비를 지원한다. 또한 부산 신공장에 수영장과 함께 헬스 및 탁구, 축구 등을 위한 다양한 운동 시설을 운영하고 있으며, 서울 사무소 직원들에게는 헬스클럽 이용 시 비용을 지원해준다.

　이 밖에도 출산 휴가와 함께 육아휴직, 가족 돌봄 휴직 제도를 마련하여 직원들이 일과 삶의 조화를 이룰 수 있도록 적극 배려하고 있다. 10년 이상 근무하면 근속연수에 따라 포상휴가와 함께 여행 상품권이나 포상금도 지급한다. 매년 모범 직원을 선발하여 해외연수를 실시하기도 한다.

　고객만족뿐만 아니라 구성원들의 만족을 매우 중요하게 여기는 경영진과 근로자가 상호 신뢰를 바탕으로 올바른 노사문화를 정착시키고 있다. 이와 관련해 정부로부터 '노사문화대상'과 '노사문화 협력 산업 표창'을 받기도 했다.

현장의 목소리

임원 인터뷰 김연중 대표이사

Wilo에서 i는 사람을 형상화한 것입니다. 그만큼 윌로펌프는 '사람 중심'이라는 기업 가치를 핵심으로 여기고 있습니다. 따라서 인재를 채용할 때도 중요한 비즈니스 결정을 내릴 때만큼이나 신중을 기합니다.

열정은 불가능을 가능으로 바꾸고, 회사에 대한 주인의식은 조직의 변화를 이끕니다. 또한 기존 생각의 틀을 깨트릴 수 있는 창의력은 새로운 기회를 포착할 수 있는 원동력이 됩니다.

윌로펌프의 미래 100년을 함께 이끌어갈 인재들을 위한 문은 항상 열려 있습니다. 열정, 주인의식 그리고 창의력으로 윌로펌프와 함께 성장하기를 원하는 이들을 기다립니다.

직원 인터뷰 권유리 사원

저는 기계공학과를 졸업한 후 능력을 공정하게 인정받을 수 있는 수평적인 기업문화를 가진 회사를 찾던 중 대학교 선배의 추천으로 윌로펌프에 대해 알고, 입사하게 되었습니다.

엔지니어링 회사이지만 저희 회사는 글로벌 회사 특유의 역동적이고 열린 기업문화를 자랑합니다. 여자가 아닌 인재로서 인정받으며, 세계각국의 사람과 함께 일하기 때문에 '글로벌한 기계공학인'이 되겠다는 꿈을 실현한 것 같아 뿌듯한 마음이 들기도 합니다.

또한 독일계 회사이다 보니 '사내 옥토버 페스트', '올해의 윌로 스포츠인' 등 글로벌한 이벤트에 참여할 수 있다는 것도 회사 생활의 소소한 즐거움 중 하나입니다.

유진기업

◆ ◆ ◆

기본정보

업종	매출	지역
건자재, 유통 레미콘, 아스콘, 슬래그파우더 등	**8,895억 원**	**서울**

임직원수	근속연수	주소
625명	**평균 9.2년**	서울특별시 영등포구 국제 금융로 24 유진그룹빌딩 전화: 02 - 3704 - 3300

채용정보

홈페이지 www.eugenes.co.kr

채용요건 대졸

채용분야 영업, 생산, 연구개발 등

채용전형 서류전형→실무진 면접→임원진 면접

채용계획 수시채용

부가정보

복리후생 건강검진, 자녀학자금 지원, 유류비 지원, 경조금 지급(계열사별 상이), 사내대출, 우리사주조합, 콘도이용권 제공, 사내 동호회 지원

보상제도 우수사원 해외연수, 장기근속 포상

경력개발 지원제도 신입사원 OT, 직무교육, 어학교육, 경영특강 등

유진기업 공장 전경

기업 소개

유진기업 본사 전경

유진기업은 1984년 설립 이래 레미콘과 기초 건자재 분야에서 국내 1위를 이어오고 있는 기업이다. 이를 바탕으로 금융, 물류 등 서비스 분야로 외연을 확장하여 현재 유진투자증권, 나눔로또, 한국통운, 유진엠 등 다양한 계열사를 보유하고 있다.

주력사업인 레미콘, 아스콘 등을 통해 아시아 최대 콘크리트 단일 기업으로 자리매김했다. 또 친환경 신제품 개발, 전국적인 유통망 구축, 최첨단 설비와 품질관리 시스템을 통해 고객이 만족할 수 있는 제품 생산에 앞장서고 있다.

특히 저발열 콘크리트와 고강도 콘크리트 등 특수 콘크리트 개발

임직원이 함께하는 '착한 산행' 행사

및 상용화에 집중 투자함으로써 국내 레미콘 산업의 기술혁신을 이끌고 있다. 현재 수도권을 중심으로 전국 30여 개의 공장에서 1,000여 대의 운송차량을 통해 고객에게 서비스를 제공한다.

유진기업은 우수한 품질의 레미콘을 고객이 원하는 시간과 장소에 차질 없이 공급하기 위해 자체 개발한 공정설비 자동화 및 품질관리시스템인 유라스EURAS를 전체 레미콘 공장과 3개의 아스콘 공장에 도입했다. 또 원자재 수급 및 관리가 원활하도록 인천 모래사업소와 파주 석산 등도 확보하고 있다.

유진기업은 인간과 자연이 조화를 이루는 친환경·고품질 제품을 개발하고 생산하는 품질 제일주의를 실현하고 있다. 기존보다 내구성이 향상된 고내구성 아스콘과 친환경 포장으로 주목받고 있는 중온형 아스콘을 개발하며 경쟁사보다 한 발 앞선 기술력을 보유하기 위해 주력하고 있다. 임시저장 설비를 통해 소량의 물량도 상시 납품할 수 있는 시스템 역시 갖추고 있다.

그 결과 한국표준협회가 선정하는 'KS품질우수기업'에 2005년부터 3년 연속으로 선정되었고, 2007년에는 콘크리트 기술 분야 최초로 '대통령상'을 수상하는 등 기술력을 인정받고 있다.

또한 레미콘과 아스콘 등 건자재 산업에서 축적한 역량과 전국 단위로 구축된 네트워크를 활용해 건자재 유통사업을 시작했다. 고객, 품질, 신뢰를 근간으로 통합적인 건자재 유통시스템을 만들어나가고 있으며 철근, 석고보드, 천장재, 단열재, 몰딩류, 경량철자재 등 다양한 품목을 공급하는 종합 건자재 유통기업을 지향하고 있다. 건자재 통합 아웃소싱 업체로서 고객에게 보다 합리적인 가격과 좋은 제품으로 B2B 유통을 강화해나갈 예정이다. 또한 유지보수 자재 유통 분야로 시장을 넓혀 전문 건설기업뿐만 아니라 일반 소비자까지 아우르는 B2B2C 즉 기업·소비자 모두와 동시에 거래하는 형태로 비즈니스 모델을 진화해나갈 계획이다.

현장의 목소리

임원 인터뷰 최종성 대표

지난 1984년 설립된 유진기업은 고객의 행복을 최고 가치로 삼고, 대한민국의 창조적인 건축문화 발전을 선도하는 기업으로 꾸준히 성장해왔습니다.

또한 근거리 사업장 통합관리 체계 확립, 최신 IT기술을 접목한 출하관제 시스템 및 전사적 지원관리 시스템 도입 등으로 국내 건축 산업의 새로운 이정표를 만들어나가고 있습니다. 유진기업은 건자재 산업에서 축적한 역량과 전국 단위로 구축된 네트워크 등의 경쟁력을 바탕으로, 생활공간을 만들고 꾸미는 데 필요한 제품들을 종합적으로 취급하는 기업으로 한 단계 더 높이 비상하고자 합니다.

'진취', '창의', '신뢰'라는 세 가지 핵심가치를 지닌 인재들과 고객의 행복을 만들어나가고 싶습니다.

직원 인터뷰 김주영 사원

입사하기 전에는 사실 저희 회사가 보수적인 기업문화를 가지고 있을 것이라는 선입견이 있습니다. 레미콘, 아스콘, 건자재 등에서 연상되는 이미지 때문이었습니다. 하지만 지금은 '유진기업은 강인한 동시에 부드럽다'고 생각합니다. 결속력과 추진력에서 강인함이 느껴진다면, 사내문화에서는 부드러움이 느껴지기 때문입니다.

항상 새로움에 도전하는 진취적인 기업문화 속에서 직원들 역시 자유로운 분위기로 각자의 업무에 매진하면서도 서로를 배려합니다. 또한 유진투자증권, 나눔로또 등 서로 다른 성격을 가진 계열사들과 행사를 통해 교류하면서 소속감을 공유하고 있습니다. 오늘보다 더 나은 내일을 만들어가는 유진기업과 함께 여러분의 꿈을 현실로 만들어보시기 바랍니다.

한샘

HANSSEM

기본정보

업종	매출	지역
제조업, 건설업, 도소매업, 금융업 주방 가구, 주거용 가구, 건자재 등	**1조 7,120억 원**	**서울**

임직원수	근속연수	주소
2,809명	**평균 5년**	서울특별시 서초구 방배로 285 한샘빌딩 전화: 02 - 6908 - 3114

채용정보

홈페이지 www.company.hanssem.com

채용요건 대졸

채용분야 영업, 생산, 연구개발 등

채용전형 서류전형→면접

채용계획 수시채용

부가정보

복리후생 직영 어린이집 운영, 건강검진, 질병 발생 시 치료비와 위로금 지원, 자녀학자금 지원, 경조사 지원, 주택 대출, 공연, 레저, 문화생활 등 지원, 법인 콘도 운영, 사내 동호회 지원, 복지 포인트

보상제도 정기상여(연 5회), 인센티브

경력개발 지원제도 신입사원 OT, 승격자 교육, 최고경영자 수업, MBA 과정 지원, 핵심역량 교육, 온라인 교육, 독서 교육, 사내 어학반 운영, 지역전문가 육성, 사내 스터디그룹 운영

직원들이 자체적으로 꾸미는 문화공연 이벤트

기업 소개

오프라인 매장인 한샘 플래그샵 부산센텀점 전경

한샘은 지난 1970년 부엌가구 전문회사로 설립됐다. 그리고 1997년 인테리어 가구 사업으로, 2000년대 후반에는 건자재 사업으로 진출하며 40년이 넘게 대한민국 주거환경의 변화를 주도해오고 있다.

전국 대리점 300여 개와 대형 직영매장인 한샘 플래그샵, 다양한 전시장과 온라인쇼핑몰 한샘몰 등 강력한 유통망을 통해 한샘은 1986년 이후부터 부엌가구 시장점유율 1위를 차지하고 있으며, 2001년 이후부터는 인테리어 가구 부문에서도 1위로 도약했다.

동북아시아를 이끌어가는 홈 인테리어 유통 전문기업으로 성장하

한샘 DBEW 디자인센터

겠다는 목표로, 현재 주거공간과 관련된 품목들을 다양한 유통망을 통해서 공급하고 있다.

　'한국산업 브랜드 파워지수$_{KBPI}$'에서 부엌가구 부문 17년 연속 1위, 한국생산성본부가 선정하는 '국가브랜드경쟁력지수$_{NBCI}$'에서 가정용 가구 부문 1위 브랜드로 선정되는 등 대외적으로도 인정받고 있다.

　2016년 현재 국내 홈 인테리어 시장은 25조 원 규모로 추정된다. 한샘은 가구 부문에서 국내 시장점유율을 더 높이고, 건자재 유통도 확대해 국내에서 10조 원의 매출을 달성하겠다는 목표를 세우고 있다.

현장의 목소리

임원 인터뷰 최양하 회장

한샘은 주거 환경 분야에서 시대를 앞서가는 가치를 창조해 인류 발전에 공헌하는 세계적인 기업이 되고자 합니다.

현재 한샘은 주방 가구는 물론 종합 가구 인테리어 분야에서도 국내 시장을 선도하고 있습니다. 또한 중국, 일본, 미국에 현지법인을 두고 해외 시장에서도 최고의 기업으로 도약할 준비를 하고 있습니다.

한샘이 원하는 인재는 '현실에 안주하지 않고 탁월함에 도전하며, 끊임없이 혁신을 추구해 성과를 창출하는 사람'입니다. 세계 최고 기업이라는 목표를 가진 한샘에서 여러분도 세계 최고 인재로 성장하길 바랍니다.

직원 인터뷰 유진 대리

한샘에서 제가 맡은 MD 업무는 상품 개발 및 아웃소싱, 생산계획, 판매촉진 업무를 통해 경쟁력 있는 상품을 만드는 직무입니다. 따라서 현재의 트렌드를 파악할 수 있는 시장분석 능력과 마케팅 능력, 그리고 시장에서 원하는 상품을 만드는 기획력이 필요합니다. 이렇게 많은 노력이 들어간 상품이 고객에게 사랑받을 때의 성취감은 무엇과도 비교할 수 없습니다.

저희 회사의 장점 중 하나는 다양한 교육 과정을 통해 각 직무의 전문성을 키워준다는 것입니다. 저도 디자인 감각과 경영 감각을 모두 갖춘 전문가로 성장하기 위해 사내 스터디그룹, 핵심역량 교육 등에 꾸준히 참여하고 있습니다.

한일시멘트

•••

한일시멘트

기본정보

업종	매출	지역
제조업	**1조 3,773억 원**	**서울**
시멘트, 레미콘, 레미탈 등		

임직원수	근속연수	주소
650명	**평균 14.8년**	서울특별시 강남구 강남대로 330
		전화: 02 - 531 - 7194

채용정보

홈페이지 www.hanil.com

채용요건 대졸

채용분야 영업, 경영지원, 기술, 품질 등

채용전형 서류전형→면접

채용계획 정기채용(하반기), 수시채용

부가정보

복리후생 사택·기숙사(공장)·도서실 운영, 건강검진(배우자 포함), 자녀학자금 지원, 경조금 지원, 주택자금 및 생활안정자금 대출, 사내 동호회 지원

보상제도 우수사원 포상, 우수제안 포상, 장기근속 포상

경력개발 지원제도 계층별 리더십 교육, 직무능력 향상교육, 어학 교육, 해외연수

한일시멘트 공장 전경

기업 소개

한일시멘트 신입사원 입문교육 현장

한일시멘트는 1961년 설립 이래 시멘트를 기반으로 한국경제와 함께 성장해왔다. 50년의 노하우를 통해 가장 일반적으로 사용되는 시멘트인 포틀랜드Poreland 시멘트, 고품질의 적기 공급시스템을 갖춘 레미콘, 용도별로 전문화된 마감자재인 레미탈 등 건설 공정에 필요한 주요 건자재를 만들고, 전국 곳곳에 위치한 유통기지를 통해 소비자에게 공급하고 있다.

품질경영을 최우선 경영목표로 설정하고 국제환경 규격(ISO9001)을 2004년 업계 최초로 전 사업장이 취득하는 등 전사적 품질관리 시스템을 운영하고 있다.

한일시멘트의 탁월한 품질과 차별화된 기술력은 마케팅과 연구개발을 접목한 신개념 연구소 '테크니컬센터'와 단양 공장의 친환경 첨단설비에서 시작된다. 테크니컬센터는 연구개발뿐 아니라 고객을 위한 기술지원과 교육훈련 등을 통해 시멘트 및 시멘트 2차 제품 분야의 기술력을 향상시키고 있다.

6기의 소성로와 컴퓨터로 제어되는 전자동화 시스템을 갖추고 있는 단양 공장은 50년간 축적된 기술력과 엄격한 품질관리를 통해 KS 표준의 포틀랜드 시멘트 5종을 세계적인 수준으로 생산하고 있다. 이를 기반으로 한일시멘트는 표준협회에서 주관하는 '한국 품질만족지수KS-QEI'에서 포틀랜드 시멘트 부문 6년 연속, 드라이모르타르 부문 7년 연속 1위를 차지했다.

또한 '환경'을 경영의 핵심요소로 삼고 이산화탄소 저감 및 녹색성장을 위해 노력해왔다. 단양 공장에서는 순환자원 및 순환연료 사용과 시멘트 소성로의 폐열을 이용한 폐열발전설비의 대체에너지 사

직원들에 해외 배낭여행 경비를 지급해 문화체험의 기회를 제공하는 한일 글로벌 챌린저 프로그램

용 등으로 친환경 공장을 구축했다. 또 포항 공장과 평택 공장에서는 제철소에서 부산물로 발생하는 고로슬래그를 활용해 자원순환형 친환경 제품인 고로슬래그 시멘트를 생산하고 있다. 최근에는 기존 포틀랜드 시멘트보다 석회석의 사용량을 줄이고 소성온도를 낮춤으로써 온실가스 주범인 이산화탄소 발생을 낮추는 '석회석 저감형 저탄소 시멘트' 실증화에도 성공했다.

이 같은 노력으로 시멘트 업계 최초이자 제조업에서는 이례적으로 2011년과 2014년 환경부가 지정하는 녹색기업으로 선정되었으며, 2015년에는 포틀랜드 시멘트가 친환경 건축자재 최우수 등급으로 인증받기도 했다. 또한 한국능률협회의 '한국에서 가장 존경받는 기업' 시멘트 산업 부문에 13년 연속으로 선정되기도 했다.

현장의 목소리

임원 인터뷰 박진규 관리본부 상무

한일시멘트는 포틀랜드 시멘트를 비롯해 레미콘, 레미탈 등 건설 공정에 필요한 주요 자재를 생산하는 종합 기초 건자재 기업입니다. 재무구조와 수익성, 연구개발, 환경 경영, 직원복지, 사회공헌 등 여러 면에서 업계 최고 수준으로 평가받고 있습니다. 이렇게 저희 회사가 한 분야에서 확고한 위치를 다질 수 있었던 것은 내실과 수익성에 바탕을 둔 한일시멘트 특유의 경영방식과 직원가치를 최우선으로 하는 인간 중심의 철학에서 비롯됩니다.

앞으로도 한일시멘트는 회사는 물론 고객, 직원 및 협력사 등 모든 이해관계자와 함께 성장할 수 있는 구조를 만들어가기 위해 노력할 것입니다. 인간과 환경이 조화를 이루는 풍요로운 미래를 꿈꾸는 인재를 기다리고 있습니다.

직원 인터뷰 유희원 사원

취업준비생 시절 제가 회사를 판단하는 기준은 성장 가능성과 안정성, 그리고 '얼마나 다양한 업무경험을 할 수 있느냐'였습니다. 한일시멘트는 이 조건을 모두 갖춘 회사라고 자부합니다. 반 세기 넘도록 시멘트 업계를 선도하며 안정적인 재무역량을 유지해왔고, 현재도 무한한 성장 가능성을 보여주고 있기 때문입니다.

특히 직무와 관련해서는 능력과 적성, 개인의 희망을 반영하여 사업장이나 보직을 변경할 수 있는 순환보직제도를 갖추고 있어 다양한 직무를 경험할 수 있습니다. 물론 꾸준한 자기계발을 위한 열정과 도전정신이 있어야만 가능합니다. 다양한 업무지식과 경험을 쌓을 수 있는 교육 프로그램도 체계적으로 잘 마련돼 있어서 임직원과 회사가 함께 성장하고 있습니다.

현대리바트

♦ ♦ ♦

HYUNDAI
LIVART

기본정보

업종	매출	지역
제조업 가구 등	**6,942억 원**	**경기 용인**

임직원수	근속연수	주소
391명	**평균 6년**	경기도 용인시 처인구 남사면 경기동로 316 전화: 02 - 3480 - 8000

채용정보

홈페이지 hyundailivert.co.kr

채용요건 초대졸 이상

채용분야 영업, 마케팅, 영업지원, 경영지원, 디자인, 설계, 생산, 시공, 구매, 품질, 물류 등

채용전형 서류전형→면접

채용계획 정기채용(상·하반기)

부가정보

복리후생 건강검진, 주택자금 지원(지방 근무자), 난임 직원 수술 지원, 상례 지원, 가족care 복지제도, 육아휴직 연계 프로그램, 임산부 케어 프로그램, 자녀 학자금 지원, 경조금 지원, 귀향여비 지급, PC OFF 제도, 가족사랑캠프, 설날·회사창립일·기념일·추석 선물, 국내외 휴양소 운영, 사내 동호회 지원

보상제도 장기근속 포상, 인센티브

경력개발 지원제도 자기계발 프로그램

현대리바트 공장 전경

기업 소개

현대리바트 제품 인테리어

    현대리바트는 1977년 설립된 이래 40여 년 동안 집, 사무실, 호텔, 선박 등 고객의 모든 생활공간을 디자인하고, 새로운 라이프스타일을 제안해온 국내 대표 종합 가구회사다.

    가정용 가구 '리바트', 주방 가구 '리바트키친', 사무용 가구 '리바트네오스', 선박 가구 '리바트마린' 등 각 분야에서 국내 대표적인 브랜드로 자리 잡았다.

    또한 '공간을 예술로 디자인하여 삶의 가치를 향상시킨다'는 사명 하에 가구를 비롯한 생활가전, 소품, 패브릭 등 공간 구성을 위한 분야로 사업영역을 확장하고 있다. 현대리바트는 모든 제품을 만들 때는 3가지 요소를 고려한다. 각각 고객의 건강은 물론 지구 전체의 환경까지 고려하는 '친환경', 공간을 아름답고 편리하게 만드는 '디자인', 그리고 고객을 만족시키는 '품질'이다. 실제로 2014년부터 국내 종합 가구업체 최초로 국내 생산 전제품에 친환경 E0 보드를 사용하는 등 유해물질 제로경영을 선언하며 그 철학을 실천하고 있다.

현대리바트는 지난 2010년 업계 최초로 공정거래위원회와 한국소비자원이 주관하는 '소비자중심경영CCM' 인증을 받으며, 고객의 불편함에 신속하고 적극적으로 대응하는 체계를 갖췄다는 사실을 대외적으로도 인정받았다.

현재는 중국, 베트남, 카타르, 캐나다 등에 현지법인 및 공장을 두고 해외 시장 개척에 적극 나서는 중이며 중동과 동남아시아 등에서 아파트, 학교, 병원, 호텔 등 대규모 수주를 진행하는 등 경쟁력을 인정받고 있다.

현장의 목소리

임원 인터뷰 김화응 대표

현대리바트의 비전은 '고객에게 가장 신뢰받는 기업'입니다. 이를 기반으로 사업개발 전략, 기업문화 전략, 경영인프라 전략을 지속적으로 실천해나갈 것입니다.

현대리바트에서 원하는 인재상은 '전문인', '창조인', '도전인', '도덕인', '책임인', '실행인'입니다. 전문적인 기술과 노하우뿐만 아니라 폭넓은 안목과 식견으로 회사의 성장에 기여하고 인식 전환을 통해 자율창의를 실현하는 사람이라고 할 수 있습니다. 또한 실패와 좌절을 두려워하지 않고, 새로운 도전을 감행하며, 책임감 있는 사회인이어야 합니다. 마지막으로 고객지향적 입장에서 자신의 역할과 책임을 다하고, 적극적인 자세와 강인한 추진력으로 업무혁신을 실현하는 인재를 찾습니다.

직원 인터뷰 박주연 주임

현대리바트는 가구뿐만 아니라 홈스타일 등으로 영역을 확대하며 생활 전반을 책임지는 회사로 거듭나고 있습니다. 사업영역이 넓어지는 만큼 다양한 기회가 주어지고, 실제 업무를 통해 자신이 공부했던 내용을 적용해볼 수 있습니다. 즉 일하고, 성취하며 얻는 기쁨이 매우 큽니다.

또 저희 회사는 동아리 활동을 적극 지원하기 때문에 직원들의 만족감이 높습니다. 동아리 활동을 통해 다른 부서의 구성원들과도 활발히 교류하고, 재충전하는 시간을 가질 수 있습니다.

가구업계에 관심이 있고 직무에 대한 이해도가 높다면 회사 내의 어떤 직무에서든 자신의 역량을 맘껏 펼칠 수 있을 것입니다.

#2

첨단 산업의
첨병이 되고 싶다면

반도체/디스플레이/광 부품/카메라모듈

그린광학

◆ ◆ ◆

GREEN OPTICS

기본정보

업종	매출	지역
제조업 광 부품, 광시스템 등	**255억 원**	**충북 청주**

임직원수	근속연수	주소
180명	**평균 6년**	충북 청주시 청원구 오창읍 각리1길 45 전화: 043 - 218 - 2183

채용정보

홈페이지 www.greenopt.com

채용요건 대졸

채용분야 영업, 생산, 개발 등

채용전형 서류전형→면접

채용계획 정기채용(6월, 12월), 수시채용

부가정보

복리후생 구내식당 운영, 종합검진(40세 이상 본인 및 배우자), 경조 휴가 제공, 경조금 지급, 상조회, 생일·결혼기념일·명절 선물 제공, 사내 동호회 운영(풋살, 볼링, 등산, 낚시, 봉사활동 등)

보상제도 우수사원 포상, 10년 근속자 부부에게 회사 반지 지급, 공로상, 명절 상여, 하계 휴가비, 수시 인센티브

경력개발 지원제도 신입사원 OT 및 OJT, 리더십개발 교육, 직무능력 향상교육, 광학분야 대학원 파견, 어학교육, 사내 스터디그룹 운영

그린광학 본사 전경

기업 소개

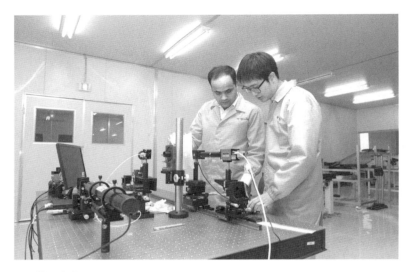

그린광학 공장 내부

1999년 설립된 그린광학은 고부가가치 광학부품 및 광시스템 기기의 설계와 가공, 코팅, 조립, 평가에 이르는 전 과정을 직접 다루는 국내 유일의 종합 광학전문회사다. 매년 매출액의 15% 이상을 연구 개발비에 투자하며 다양한 분야의 광학제품군을 개발하고 있다.

그린광학은 창업 초기부터 수입에 의존해온 고부가가치 광학부품 및 광시스템 기기의 국산화를 선언했다. 그 결과 반도체 및 LCD 제품군, 검사모듈, 레이저 제품군, IR 제품군 등에서 다양한 제품을 개발했다. 그리고 국내 유수 기업들은 물론 광학기술 강국으로 꼽히는 독일과 일본 등에 부품을 납품할 만큼 세계적으로 기술력을 인정받게 되었다. 2013년에는 인공위성 카메라를 제작해 과학기술위성 3호에 장착하기도 했다.

특히 개인화, 소형화, 휴대화 등 급변하는 IT산업 트렌드에 맞춰 개발한 소비자 맞춤형 HMD_{Head Mounted Display}는 혁신 제품으로 평가받고 있다. HDM은 안경처럼 착용하고 LCD 영상을 볼 수 있는 장치로, 게임기 등 각종 IT기기에 연결해 사용할 수 있다. 의료 산업, 드론 등 다른 산업분야에도 다양하게 적용될 수 있기 때문에 성장 가능성이 더욱 크다.

'가슴이 뜨거운 사람이 만드는 미래, 사람과 미래를 생각하는 기업'이라는 목표를 가지고, 기술을 통해 사람이 행복한 미래를 만들기 위해 노력하고 있다. 또한 현재 전체 매출액의 30% 정도인 해외 매출액을 더 끌어올려 아시아 1위의 광학·렌즈업체로 거듭나겠다는 계획이다.

현장의 목소리

임원 인터뷰 조현일 대표

그린광학은 창업 초기부터 수입에 의존하던 고부가가치의 광학부품들의 독립을 선언하며 업계의 주목을 받아왔습니다. 그 결과 현재는 일일이 열거하기 힘들 정도로 다양한 제품들을 생산하고 있습니다. 무엇보다 이 제품들을 모두 자체 기술로 만들고 있다는 점에 큰 의미가 있습니다.

저희 회사는 우리나라를 넘어서 전 세계 시장을 'Green화'하겠다는 목표를 위해 계속해서 노력하고 있습니다. 빛이 전 세계를 고루 비추듯, 그린광학은 광학 시대에 적합한 빛의 문화를 창조해 나아갈 것입니다. 따라서 열린 사고와 미래에 대한 도전 정신을 가진 이들과 기술 혁신의 꿈을 이루고 싶습니다.

직원 인터뷰 김지성 주임

처음 입사할 당시만 해도 광학이란 생소한 용어 때문에 업무에 대한 두려움도 컸습니다. 그러나 그린광학에서 일하면 할수록 무언가를 알아가고 성취하는 즐거움을 느낍니다. 분야도 다양하고 무궁무진한 가능성이 있습니다.

저희 기업은 구성원 모두가 즐겁게 일하는 행복한 회사를 목표로 하며 실제로 매년 정부로부터 '일하기 좋은 기업'에 선정되고 있습니다. 따라서 인성이 우수하고 성실한 사람을 최고의 인재라고 생각합니다. 조직의 일원으로서 조화와 균형을 유지하고 상호 신뢰할 수 있는 능력을 가장 중요시합니다.

또한 저희 회사는 외국어 및 직무역량 등 다양한 분야의 교육을 지원해주는 시스템이 잘 구축되어 있습니다. 직원들의 고충 및 건의사항을 수렴하여 개선하는 등 복지 및 복리후생 향상에도 관심이 많습니다.

동진쎄미켐

◆ ◆ ◆

DONGJIN SEMICHEM CO.,LTD.

기본정보

업종
제조업
평판패널 디스플레이
(FPD), 반도체용 화학공정
재료, 발포제 등

매출
7,098억 원

지역
서울, 인천

임직원수
1,007명

근속연수
평균 6년

주소
서울특별시 마포구
월드컵북로 402 23층
(상암동, KGIT센터)
전화: 02 - 6355 - 6100

채용정보

홈페이지 www.dongjin.com

채용요건 대졸

채용분야 영업, 생산관리, 품질관리 연구개발 등

채용전형 서류전형→인적성 검사→면접

채용계획 수시채용

부가정보

복리후생 구내식당, 사내 휘트니스센터, 기숙사, 통근버스 운영, 식대 지원, 건강검진, 자녀학자금 지원, 각종 경조금 및 경조휴가 지급, 개인 기념일·명절 선물 지급, 콘도 운영, 사내 동호회 지원

보상제도 특허 출원 및 등록 시 특허 포상, 신제품 양산개발 시 연구개발 포상, 동진기술상

경력개발 지원제도 직무역량 교육, 해외 학회 및 세미나 참가, 해외 우수 대학 파견, 사내 어학 강좌(중국어), 온라인 교육, 독서 통신교육, 혁신 교육(6시그마, DOE, TRIZ 등), ERP시스템 활용교육

동진쎄미캠 판교연구소 전경

기업 소개

정밀화학 산업이 전무하다시피 했던 1967년, 동진쎄미켐은 국내기반 산업 발전에 기여하기 위해 화학발포제 제품을 다루기 시작했다. 그리고 지속적으로 연구개발에 투자함으로써 1990년대 초에는 세계 1위의 화학발포제 회사로 성장했다.

그 과정에서 1980년대 중반까지는 전량 수입에 의존했던 반도체용 포토레지스트Photo resist, 즉 빛을 비추면 화학변화를 일으키는 수지를 국산화하는 쾌거를 이루었다. 또한 반도체 및 디스플레이용 포토레지스트, 박리액, 시너, 필요 없는 부분을 선택적으로 제거하는 데 쓰이는 식각액 등 초정밀·고해상도 전자재료 역시 자체적으로 개발할 수 있었다. 이 제품들을 국내외 업체들에 공급함으로써 IT산업 발전에 이바지하고 있다.

동진쎄미캠 연구소 내부

2000년대 초부터는 해외 전자재료 시장 개척을 시작하여 중국과 대만 시장에 성공적으로 진입했다. 현재는 중국과 대만에 총 10곳의 현지 공장을 운영하며 세계적인 전자재료 업체로 도약하고 있다.

동진쎄미켐은 빠르게 변화하는 시장에 대응하기 위해 신제품 개발과 우수 연구인력 확보에 항상 노력을 기울이고 있다. 높은 성장률의 배경에는 이렇듯 제품별로 갖춰진 우수한 연구개발 인력, 그리고 사원들의 인간관계와 생활을 중시하는 기업문화가 있다. 따라서 2014년 더 나은 연구 환경조성을 위해 지상 9층, 지하 4층 규모의 연구 전문시설인 판교 종합연구소를 조성하는 등 연구개발에 꾸준히 노력을 쏟고 있다.

현장의 목소리

임원 인터뷰 이부섭 공동대표(회장)

저희 회사는 1967년 발포제 사업을 시작으로, 반도체와 디스플레이용 재료로 사업 영역을 넓혀가며 대한민국 제일의 정밀화학 기업으로 성장해왔습니다. 전자산업 소재의 국산화에 앞장섬으로써 국내의 반도체, 디스플레이 산업이 세계 1위로 도약하는 데 큰 기여를 했습니다.

"신기술 개발로 세계를 제패하자"라는 경영이념에서 알 수 있듯이 동진쎄미켐은 기술 개발을 최우선 가치로 추구하고 있습니다. 50여 년간 쌓아온 풍부한 경험과 기술력을 바탕으로, 이제 저희 회사는 세계적인 정밀화학업체로 도약하려고 합니다. 기술 개발과 인력 양성이 무엇보다 강조되는 시기입니다. 이 중요한 시기를 여러분과 함께 하고 싶습니다.

직원 인터뷰 김한민 과장

동진쎄미켐은 대기업들과 전자소재 및 화학소재 제품을 거래하며 안정된 수익을 창출하는 우량회사입니다. 저희 회사는 대기업의 체계적인 업무프로세스와 중소기업의 열정, 그리고 빠른 일처리 속도를 동시에 지니고 있습니다. 따라서 다양한 업무영역을 경험하며 자신의 가치를 실현하기에 최적의 회사라고 생각합니다.

연구직이 많고, 젊은 인력들도 많아서인지 활동력이나 업무 추진력이 좋습니다. 또 직장 동료들과 즐겁고 진솔한 이야기를 나눌 수 있는 기업문화를 지니고 있습니다. 역량개발을 위한 회사의 아낌없는 교육 지원도 동진쎄미켐의 좋은 점입니다.

또 동진쎄미켐은 TFT - LCD를 자체적으로 구성해볼 수 있을 정도로 많은 재료들을 연구개발 하고 있고, 관련 설비나 검사장비 등도 보유 중입니다. 연구개발을 위한 협업도 꾸준히 이뤄지기 때문에 반도체, 디스플레이 및 에너지 분야에서 폭넓은 지식이나 경험을 쌓을 수 있다는 장점도 있습니다.

삼진엘앤디

◆ ◆ ◆

SAMJIN✦LND

기본정보

업종	매출	지역
제조업 전자부품, LED조명, 금형, OA 피니셔, 2차전지 부품 등	**2,800억 원**	**경기 화성**

임직원수	근속연수	주소
400명	**평균 5.6년**	경기도 화성시 동탄면 동탄기흥로 64 - 17 전화: 031 - 379 - 2000

채용정보

홈페이지 www.samjin.co.kr

채용요건 고졸, 대졸

채용분야 국내외 영업, 영업지원, 생산, 금형설계, 품질, 출하, 물류, 사출엔지니어 등

채용전형 서류전형→면접

채용계획 상시채용

부가정보

복리후생 구내식당·기숙사·휴게실·통근버스·사내 어린이집 운영, 건강검진, 의료비 지급, 경조금 지급 및 상조회 운영

보상제도 우수사원 포상. 장기근속자 포상, 연간 경영실적에 따른 인센티브

경력개발 지원제도 신입사원 OJT, 독서통신교육 및 각종 사내외 직무교육, 교육 및 해외연수비 지원, 후원사 외부교육

삼진엘앤디 본사 전경

기업 소개

삼진엘앤디 LED 조명 생산 현장

삼진엘앤디는 1987년 삼진기연이라는 이름으로 설립됐다. 정밀 금형·사출기술을 통한 LCD 몰드프레임 사업을 근간으로 현재는 2차 전지, 자동차 부품, 사무용복합기 피니셔, 도광판, LED 조명기기를 제조하고 판매하고 있다.

LCD 몰드프레임이란 LCD 판넬 안착 시 사용되는 정밀 사출물로 디스플레이 산업의 핵심부품이라고 할 수 있다. 또한 도광판은 빛을 화면 전 영역에 균일하게 분산시켜주는 기능을 하는 LCD 백라이트 유닛의 핵심부품으로, 노트북이나 태블릿PC 등에 광범위하게 적용된다.

LED 조명기기는 정밀부품 분야에서 꾸준히 쌓아온 기술력이 바탕이 된 삼진엘앤디의 차세대 핵심제품이다. 특히 인간의 생체리듬에

따라 조도, 색상, 색 온도가 조절되는 스마트 조명은 미국, 유럽 등 해
외의 유명건축물과 공공시설, 기업 등에 설치되며 각광을 받고 있다.

현재 연매출 2,800억 원, 국내 임직원 수 400명, 해외 5개 사업장(멕
시코, 중국, 슬로바키아 등) 임직원 수 3,000명에 달하는 코스닥 중견기
업이다.

전체 매출액 중 수출 비중이 70%에 달하며, 뛰어난 기술력과 성과
를 바탕으로 2014년에는 정부로부터 '월드클래스 300 기업'으로 선정
되기도 했다.

2016년에 창립 30년을 맞는 삼진엘앤디는 지속적인 성장에 걸맞
게 다양한 교육 프로그램을 운영하고 있다. 사내 동호회 활동과 문화
체험을 운영하는 등 서로 신뢰할 수 있는 기업문화를 조성해나가는
데도 전 임직원이 힘쓰고 있다.

또한 지역사회 발전을 위해 '한·미 청소년 유대관계 증진' 프로그
램 운영, 지역 불우노인들에 대한 식사 제공, 산업단지 내 어린이집을
운영 및 지원하고 있다. 지역 주민들을 위한 각종 문화 공연 활동도
후원하고 있다.

현장의 목소리

임원 인터뷰 이경재 회장

2016년으로 창립 30년을 맞는 삼진엘앤디는 어느덧 한국을 대표하는 중견 기업으로 우뚝 성장했습니다. 뿌리기술에 대한 자부심과 지속적인 기술개발 투자가 오늘날의 저희 회사를 만들었다고 생각합니다.

현재에 만족하지 않고 글로벌 메카트로닉스(mechatronics) 사업의 리더로 성장해나가기 위해 전 임직원이 혼신의 노력을 다하고 있습니다. 저희 회사는 장차 100년 이상 지속가능한 우리나라의 대표 기업으로 커나갈 것입니다. 실제로 삼진엘앤디는 끊임없는 기술개발과 투자를 통해 북미, 일본, 아시아, 유럽 대륙에 차례로 진출하며 글로벌 강소기업으로 꾸준히 성장하고 있습니다. 내일을 위해 땀 흘릴 각오가 되어있는 젊은이라면 언제든 환영합니다. 함께 삼진엘앤디의 역사를 창조해나갑시다.

직원 인터뷰 한도희 주임

인간의 감성에 따라 조도와 색깔이 변하는 LED 조명을 만드는 회사인 만큼 삼진엘앤디는 임직원들에게도 세심한 배려와 지원을 아끼지 않습니다.

제조업 회사이긴 하지만 동종업계보다 임직원들에게 자기계발을 위한 교육의 기회를 많이 주고 있습니다. 또한 성별이나 연공서열을 우선으로 하지 않고, 노력하는 모두에게 동등한 기회를 부여합니다.

저도 입사하기 전에는 기업문화는 괜찮을까, 합격한 뒤 적응할 수 있을까, 내 미래를 바칠 만한 회사인가 등 수많은 고민을 했습니다. 그러나 지금은 당시의 고민이 모두 기우였다고 느낍니다. 자부심을 주는 회사, 평생직장으로 삼고 싶은 회사입니다.

서울반도체

◆ ◆ ◆

SEOUL SEOUL SEMICONDUCTOR

기본정보

업종	매출	지역
제조업 LED 광원 (칩, 패키지, 모듈) 등	**1조 112억 원**	**경기 안산**

임직원수	근속연수	주소
1,023명	**평균 5년**	경기도 안산시 단원구 산단로 163번길 97 - 11 전화: 1566 - 2771

채용정보

홈페이지 www.seoulsemicon.co.kr

채용요건 대졸

채용분야 영업, 기술, 경영지원, 연구개발 등

채용전형 서류전형 → 면접

채용계획 정기채용(상·하반기), 수시채용

부가정보

복리후생 구내식당·휴게실·통근버스·사내 헬스클럽·보육시설 운영, 건강검진, 제휴 병원 운영, 수당 지급, 교통비 지급, 경조사 지원, 유류비 지급, 우리사주 제도 운영, 직원 대출, 콘도 지원, 사내 동호회 지원

보상제도 우수사원 포상, 우수제안 포상, 장기근속 포상, 인재추천 포상, 공로상, 인센티브

경력개발 지원제도 신입사원 OT 및 OJT, 직무능력 향상교육, 사내대학교 운영, 임원 MBA 지원, 어학보조비 지원, 해외연수, 사내 어학과정, 온라인교육 지원

서울반도체 본사 전경

더 나은 내일을 위한
패러다임을 제시하다!

매경출판㈜ + 생각정거장 도서목록

계획에서 출간까지 6주 만에 완성하는
나만의 여행책 만들기

홍유진 지음 / 13,500원

여행작가이자 독립서점 '부비책방'의 주인, 그리고
'나만의 여행책 만들기 6주 과정'의 강사인 저자가
나 홀로 여행책 만들기에 처음 도전하는 이들을 위
해 나섰다. 여행 기획부터 글쓰기, 사진 찍기, 직접
디자인하고 인쇄하기 등 여행책 만드는 모든 과정을
친절하고 자세하게 설명했다. 실제로 나만의 여행책
을 만들어낸 작가들의 생생한 경험담도 담았다.

생각 없이 준비 없이 떠나는 초간편
당일치기 총알여행 x 1박 2일 총알스테이

신익수 지음 / 각 15,000원

매일경제 신익수 여행전문기자가 주제에 맞춰 다양한 여행지를 소개하고, 사계절 52주에 맞춘 테마
별 여행코스를 안내하는 실용 만점 당일치기 및 1박 2일 여행정보서. 연인끼리, 친구끼리, 가족끼리,
누구와 함께해도 좋다. 특히 아이들을 위한 코스도 놓치지 않고 꼼꼼하게 담았다.

아침 30분이
당신의 3년 후를 결정한다
일찍 일어나는 기술

후루카와 다케시 지음 / 12,000원

일찍 일어나는 습관으로
하루가 바뀌고 인생이 바뀐다!

인생의 승부는 아침 시간에 달려 있다. 하루 30분으로 나를 업그레이드하는 가장 쉬운 방법! 일찍 일어나는 것만으로도 자신을 바꿔볼 기회를 찾을 수 있다. '일찍 일어나는 기술'은 변화를 꿈꾸는 사람에게 주는 최고의 처방이 될 것이다.

합격을 부르는 공부법
미친 집중력
미친 암기력

이와나미 구니아키, 미야구치 기미토시 지음
각 12,000원

상위 1%가 되려면
집중력으로 승부하라!

성적이 급상승하는 효과적인 공부법! 일본에서 64만 부 이상 판매되며 공부법의 혁명을 불러일으킨 집중력 향상 프로젝트! 이 책을 통해 미친 암기력의 세계를 경험할 수 있다. '집중력의 신, 암기의 신'이 되어보자!

질문과 이야기가 있는 최고의 교육법
영재들의 비밀습관 하브루타
장성애 지음 / 14,000원

영재로 만드는 특급교육법! 부모와
교사를 위한 하브루타 가이드!

10년 공들이면 100년이 행복하다
생각의 근육 하브루타
김금선, 염연경 지음 / 14,000원

10년 공들이면 100년이 행복한 교육.
토론하고 사고하는 아이로 키우는 법

유대인 자녀들은 어떻게 경제를 공부했을까
유대인 하브루타 경제교육
전성수, 양동일 지음 / 13,000원

어린 시절부터 부자의 꿈을 심어주는
유대인 경제교육의 놀라운 비밀

질문과 토론으로 다져진 아이는 스스로 공부한다
하브루타로 크는 아이들
김금선 지음 / 13,000원

유대인의 학습방법인 하브루타를 가정에
적용해 행복하게 살아가는 사람들의 이야기

기업 소개

서울반도체 공장 내부

　서울반도체는 기술 중심의 글로벌 LED 기업이다. 서울반도체가 생산하는 LED는 조명, IT, 자동차 등 빛을 비추는 광원이 필요한 모든 분야에 적용이 가능하다.

　2005년에 세계 최초로 교류전원에서 구동하는 LED인 아크리치Acrich를 개발하고 2006년부터 양산하기 시작했다. 아크리치는 직류 전원뿐만 아니라 교류전원에서 컨버터 없이 직접 구동이 가능하기 때문에 높은 효율과 수명을 자랑하며 차세대 LED 기술로 각광받고 있다. 2012년에는 세계에서 단위면적당 광 효율이 가장 높은 LED인 엔폴라nPola의 양산에 성공하기도 했다. 이 외에도 'Z-Power', 'Top View LED' 등 양질의 제품군을 보유하고 있으며, 고객사가 원하는 제품이

#2
첨
단
기
기

있을 때는 맞춤형으로 공급하고 있다.

　서울반도체는 매년 매출의 약 10%를 연구개발에 투자하고 있다. 그 결과, 2016년 현재 1만 2,000여 개의 LED 관련 특허를 출원 혹은 등록하고 있다. 강력한 특허 포트폴리오와 수백 개가 넘는 제품포트폴리오를 바탕으로 전 세계 60개국 500개 이상의 글로벌 고객사와 거래하고 있다.

　현재 전 세계 LED업계에서 4위라는 시장점유율을 기록하고 있다. 1999년 처음으로 매출 100억 원을 돌파한 이래 설립 10년 만인 2002년에는 매출 1,000억 원을 달성하였고, 2010년까지 19년 연속 흑자성장이라는 기록적인 신화를 달성했다. 2013년에 매출 1조 원을 최초로 돌파하는 등 세계 최고의 LED 기업이 되기 위해 끊임없이 노력하고 있다.

현장의 목소리

#2

첨단기기

임원 인터뷰 이정훈 대표이사

"인생은 한 번 그리면 지우고 다시 그릴 수 없는 그림을 그려가는 것이다"라는 심정으로 세계 최고의 LED기업을 만들기 위해 노력하고 있습니다.

'창의력이 풍부한 전문인', '열정이 있는 행동인', '끊임없이 도전하는 성취인', '인간미가 충만한 지식인'이 서울반도체의 인재상입니다.

저희 서울반도체와 함께 세계 최고의 LED를 만들고 싶은, 열정과 패기가 넘치는 여러분들의 도전을 기다립니다.

직원 인터뷰 진아영 사원

저는 지난 2014년 서울반도체에 입사했습니다. LED는 회사에 와서 처음 접해봤기 때문에, 기술관련 용어나 자료 내용이 너무 어려워서 눈앞이 캄캄했었습니다. 그래서 남들보다 더 많은 시간을 LED 관련 지식을 습득하는 데 할애했고, 모르는 것이 있으면 연구개발, 경영지원, 영업부서를 가리지 않고 이리저리 뛰어다니며 하나하나 물어보기도 했습니다. 지금은 업무의 전문성을 높이는 데 주력하고 있습니다. 회사 선배들이 아니었으면 불가능했을 일입니다.

또 서울반도체는 대기업 수준의 복리후생과 차별화된 보상제도, 다양한 경력개발 제도를 운영하며 임직원 만족도 향상을 위해 노력하고 있습니다. 특히 정시퇴근을 권장하는 비타민 데이, 5일 연속 휴가를 사용하는 집중연차제도 등을 통해 임직원들이 직장과 가정의 균형을 잘 유지할 수 있도록 도움을 주고 있습니다.

신성솔라에너지

shinsung
SOLAR ENERGY

기본정보

업종 **제조업** 태양전지, 태양광 모듈 등	**매출** **1,705억 원**	**지역** **경기 성남** **충북 음성**
임직원수 **280명**	**근속연수** **평균 4년**	**주소** 경기도 성남시 분당구 대왕판교로 395번길 8 전화: 031 - 788 - 9500

채용정보

홈페이지 www.shinsung.co.kr

채용요건 대졸

채용분야 경영지원, 생산기술, 공정기술, 품질, 연구개발 등

채용전형 서류전형→면접

채용계획 수시채용

부가정보

복리후생 구내식당·통근버스·사내 휴게실 운영, 건강검진, 자녀학자금 지원, 경조사 지원, 회
사콘도 운영, 근무복 지급, 사우회 운영, 정기 체육대회, 동호회 활동 지원

보상제도 우수사원 포상, 장기근속 포상, 상여금, 특별승진, 인센티브

경력개발 지원제도 신입사원 워크숍, 신성그룹 교육아카데미 운영, 승진대상자 교육, 개인직
무교육 지원, 온라인 학습지원, 순환보직

신성솔라에너지 본사 전경

기업 소개

신성솔라에너지 공장 전경과 주생산품인 태양전지

1977년 설립돼 초정밀 산업을 이끌어온 신성솔라에너지는 미래 신성장동력인 태양광 산업에 진출해 고효율의 태양전지와 고출력의 태양광 모듈을 생산하고 있다. 또한 태양광 발전소의 설계, 시공, 자재구매까지 한번에 해결하는 EPC사업Engineering Procurement Construction도 추진 중이다. 고객이 태양광 비즈니스를 안정적으로 설계할 수 있도록 원스톱 솔루션을 제공하기도 한다.

신성솔라에너지는 최고의 자재부터 안정적인 수익을 보장하는 설계, 그리고 완벽한 시공과 철저한 사후관리까지 책임지고 있다. 또 믿음과 신뢰의 기업으로 평가받기 위해 '고객의 만족'을 최우선 가치로 두고 있다.

고객들의 신뢰를 바탕으로 현재 태양광 산업 분야에서 초고속 기술 성장을 이루며 새로운 부가가치를 창출하고 있다. 2010년 태양전지 연구 분야에서 광변환 효율을 19.6%까지 달성한 데 이어 2016년에는 그 기록을 20.29%까지 갱신했다. 높은 기술 우위를 증명하며, 현재 미국, 일본, 중국 등 전 세계로 진출하고 있다.

　인류의 지속가능한 성장을 돕는 태양광 보급을 통해 지구 환경 보전과 인류의 이익증진에 기여하는 것이 목표이며, 고효율 제품의 연구개발과 우수한 품질의 제품 생산을 통해 글로벌 태양광 시장의 선두 기업으로서 꾸준히 성장 중이다.

현장의 목소리

임원 인터뷰 이완근 대표

신성솔라에너지는 대한민국 대표 태양광 기업으로 미국, 일본, 중국 등 전 세계로 뻗어나가고 있습니다.

저희 회사에서는 세계로 성장하는 기업에 맞게 '글로벌한 마인드를 가진 인재', '창의적인 생각을 하는 인재', '학습을 통한 도전적인 인재'를 인재상으로 채택하고 있습니다.

신성솔라에너지는 기후변화와 지구온난화의 심각성을 일깨우고, 살기 좋은 세상을 만들기 위한 태양광 보급에 앞장서고 있습니다. 환경보전과 이익 창출을 동시에 이루고 싶은 여러분을 기다리고 있습니다.

직원 인터뷰 전지혜 대리

대학을 졸업하고 처음 입사한 회사인 만큼 모르는 부분이 많았습니다. 무엇보다 태양광에 대한 이해도 낮았습니다. 하지만 선배들이 신입사원을 직접 이끌어주는 회사 특유의 문화와 신성교육아카데미 등 교육 프로그램 덕분에 회사에 쉽게 적응할 수 있었고, 업무에 대한 전문지식과 실력도 빨리 쌓을 수 있었습니다.

'사랑과 존중을 바탕으로 산업과 기술의 새로운 가치를 창조한다'는 윤리강령에 맞게 저희 회사는 기술로 산업을 선도하고 세계에 도전하고 있습니다. 남들보다 앞서 신성장동력을 연구하는 신성솔라에너지에서 여러분의 꿈을 펼쳐보시는 것은 어떨까요?

ISC

◆◆◆

기본정보

업종 제조업 반도체 IC칩 테스트 소켓	**매출** 773억 원	**지역** 인천, 경기 성남
임직원수 460명	**근속연수** 평균 3.25년	**주소** 경기도 성남시 중원구 갈마치로 215(상대원동, 금강펜테리움IT타워) 전화: 031 - 777 - 7675

채용정보

홈페이지 www.isc21.kr
채용요건 대졸
채용분야 영업, 해외영업, 경영지원, 생산, 품질, 구매, 설계, 연구개발 등
채용전형 서류전형→실무면접→인성면접
채용계획 수시채용

부가정보

복리후생 구내식당·기숙사·통근버스 운영, 건강검진, 자녀학자금 지급, 경조금 지원, 출장유류비 지원, 회식비 및 회의비 지원, 명절·창립일·결혼기념일 선물, 회사 콘도 운영, 사내 동호회 지원

보상제도 우수사원 포상, 우수제안 포상, 우수 신입사원 포상, 인재추천 포상, 정기포상, 인센티브

경력개발 지원제도 신입사원 OT 및 OJT, 승진자 교육, 팀장워크숍, 직무능력 향상교육, 위탁교육, 온라인 원격교육

ISC 본사 전경

기업 소개

2001년 설립된 ISC는 반도체, IT, BT, 자동차 및 각종 전자부품 등에 사용되는 반도체 IC칩을 테스트하기 위해 필요한 테스트 소켓을 개발하고 생산하는 기술혁신 기업이다.

반도체 테스트 소켓은 반도체 후공정 과정에서 최종 완성된 반도체 IC칩 중 불량품이 있는지 가려내기 위한 성능 검사에 필요하다. 즉, 품질이 좋은 반도체 IC칩 생산을 위한 소모성 핵심 부품이다. IC칩 특성에 맞춰 최적화된 제품을 빠른 시간 내에 개발함으로써 제품을 필요로 하는 고객사에 최상의 해결책을 제시하고 있다.

2003년에는 세계 최초로 차세대 테스트 소켓인 실리콘고무소켓 Silicone Rubber Socket 양산화에 성공했다. '반도체 패키지에 손상을 준다'는 기존 제품의 한계를 부드러운 소재를 사용해 최소화한 독창적인 제

벤처기업협회 주체 활성화 유공 부문 '동탑산업훈장' 수상

품이다. 또한 기존 테스트 소켓과 비교했을 때 두께가 매우 얇아 신호가 매우 빨리 전달되고, 정확도도 높다는 점에서 인정받고 있다. 이처럼 해외 의존도가 높았던 핵심부품 및 소재의 국산화를 선도하며 한국 경제성장의 핵심동력으로 자리매김하고 있다.

　미국 실리콘밸리와 중국에 해외 사무실을 두고 있으며 그 외 유럽, 싱가포르, 대만, 일본 등 전 세계 각지에 대리점을 두고 있다. 또한 국내 170개사, 해외 110개사 등 전 세계 최고의 반도체 분야 기업들과 협력 관계를 맺고 있다.

　2007년 코스닥 상장 이후, 연구개발에 대한 투자와 해외 시장 개척을 통해 실리콘소켓 분야 세계 시장점유율 1위 기업으로 성장했다. 또한 국내외 600여 건의 특허를 통해 원천 기술을 확보하고, 기술 경쟁력도 계속해서 강화하고 있다.

현장의 목소리

임원 인터뷰 정영배 대표이사

ISC는 세계 최초로 실리콘고무 소켓을 양산한 기업으로, 이 분야에서 시장점유율 1위를 달성하는 등 고부가가치의 핵심 소재 부품을 창출하는 글로벌 기술혁신 기업입니다. 현재 ISC만이 가진 원천기술력과 특허경쟁력을 바탕으로, 글로벌 기업으로서의 우위를 선점하기 위한 제3의 도약을 준비하고 있습니다.

최근 5년간 연평균 23%의 고성장을 기록했고, 평균 영업이익률도 33%에 이릅니다. 앞으로도 신성장동력 발굴과 제품의 다변화를 통해 격변하는 반도체 산업에서 독보적인 경쟁력을 갖춘 대한민국 대표 기술혁신 기업으로 성장해나갈 계획입니다.

ISC는 4E 1P(Energy, Energizer, Edge, Execution + Passion)을 갖춘 인재를 선호합니다. '결단력과 실행력이 있는 인재', '열정과 에너지가 넘치는 인재', '주변 사람들을 격려하고 팀에 융화될 수 있는 인재'입니다. 또 빠르게 변화하는 반도체와 반도체 소켓 산업에 발맞출 수 있는 유연한 태도의 인재를 찾고 있습니다.

직원 인터뷰 장윤재 과장

ISC는 확실한 성과 분석을 통해 능력에 따라 본봉의 100%에서 400%에 이르는 파격적인 성과급을 지급합니다. 또한 실력을 발휘할 경우 빠른 승진도 가능합니다. PSP(성과연동 주식 보상제도) 등 성과에 따른 보상체계가 확실하고, 자신의 노력과 실적이 연봉과 승진에 바로 반영되기 때문에 동기부여가 강하게 되고 일의 능률도 올라갑니다. 이 점이 저희 회사의 가장 큰 매력이라고 생각합니다.

또 전체적으로 자유롭고 소통이 원활한 분위기도 좋습니다. 팀 내부는 물론 타 부서와도 소통이 활발하기 때문에 일 처리가 빠르고 수월하다는 장점이 있습니다.

엠씨넥스

◆ ◆ ◆

MCNEX
Multimedia Core of the Next...

기본정보

업종

제조업

휴대폰용 카메라, 차량용
카메라, 지문인식 모듈, 홍
채인식 카메라, 블랙박스,
네트워크 카메라 등

매출

5,029억 원

지역

서울

임직원수

569명

근속연수

평균 12년

주소

서울특별시 금천구 가산동
60 - 18 한신IT타워
2차 11층
전화: 070 - 8630 - 6800

채용정보

홈페이지 www.mcnex.com

채용요건 고졸, 대졸

채용분야 영업, 생산기술, 품질보증, 해외주재원(생산, 생산기술), 연구개발(HW, SW, 기구설계, Actator개발, 광학설계, 연구기획) 등

채용전형 서류전형→면접

채용계획 수시채용

부가정보

복리후생 구내식당·기숙사·휴게실 운영, 식사(중,석식) 제공, 건강검진, 교통비 지급, 사회보험 지원, 경조사 지원, 장기근속 포상 및 휴가 지원, 회식비 지원, 교통비 지급, 상조용품 지급, 수당 지급, 차량유류비 보조, 출장비 지원, 주차비 지원, 임직원 대출, 생일자 케이크 지급

보상제도 우수사원 포상, 우수제안 포상, 장기근속 포상, 임직원 스톡옵션, 인센티브

경력개발 지원제도 신입사원 OJT, 직무능력 향상교육, 도서구입비 지원

엠씨넥스 베트남 공장 전경

기업 소개

엠씨넥스 사내 회의 현장

엠씨넥스는 2004년 설립된 영상종합솔루션 업체로, 휴대폰용 카메라와 차량용 카메라를 기반으로 구동계$_{actuator}$와 블랙박스, 네트워크 카메라 등을 생산하고 있다. 최근에는 새로운 사업으로 지문인식 모듈을 연구 중이다. 현재 삼성전자, 현대자동차, 기아자동차, 푸조, 현대모비스 등 국내외 40여 개의 고객사에게 제품을 공급 중이다.

주생산제품인 휴대폰용 카메라모듈과 차량용 카메라는 꾸준한 매출 증가를 보이고 있다. 2015년에는 매출이 5,000억 원을 돌파했고, 2016년에는 10% 이상 성장한 5,600억 원을 매출 목표를 하고 있다.

특히 차량용 카메라 부문에서는 국내 시장점유율 1위, 세계 시장점유율 5위를 차지하고 있다. 카메라 광학, 영상기술 및 자동차용

한국무협협회 주관 '3억 불 수출탑' 수상

ADAS첨단 운전 지원 시스템솔루션을 개발하는 연구소를 개설하여 운영하고 있기에 가능한 결과였다.

특히 업체 간 제품 경쟁 및 가격 경쟁의 심화로 인해 휴대폰 시장이 어려움을 겪고 있는 환경 속에서도 엠씨넥스는 고화소 모듈의 설계, 평가, 기술 및 생산능력을 통해 제품 및 가격 경쟁력을 강화해나가고 있다. 또한 블랙박스, 네트워크 카메라, 보안센서, 생체센서 등으로 사업을 다각화해 고객의 다양한 요구에 발 빠르게 대응하고 있다.

한국의 연구소와 자동차용 생산라인 외에도 중국과 베트남에 생산법인, 최근 설립한 미국의 판매법인을 통해 세계 시장으로도 진출했다. 2015년에는 전체 매출의 70%인 3,400억 원을 해외 고객사에게 벌어들이며 한국무협협회KITA로부터 '3억 불 수출탑'을 수상했다.

엠씨넥스 연구소 및 공장 내부

또한 정부고용지원사업인 청년인턴제 사업, 석·박사 연구인력 활용사업 등에도 계속해서 참여하고 있고 고졸 채용, 지방대생 채용 등 능력 중심의 채용을 정기적으로 실시하고 있다.

상시근로자 수는 2016년 기준 전년 대비 20% 이상 증가했으며 꾸준한 연구개발을 위해 계속해서 인력을 확충할 계획이다.

현장의 목소리

임원 인터뷰 민동욱 대표

엠씨넥스는 고객의 소리를 최우선으로 생각하고, 탁월한 기술을 통해 다양한 요구를 만족시킬 수 있도록 노력하고 있습니다. 또한 '사람 중심의 경영', '가치창출의 경영', '기술 선도의 경영'이라는 경영이념에 따라 외부고객과 내부고객이 모두 만족하는 기업을 만들고 싶습니다.

세계에서 제일 큰 기업이 되기보다는 이윤 창출을 통해 이웃과 나누며 사회적 역할을 수행하고, 책임을 다하는 기업이 되고자 합니다. 빠르게 진화하고 있는 글로벌 IT와 스마트카 시장의 요구에 맞추기 위해, 저희 회사는 연구개발에 대한 투자와 인력 충원을 계속 이어갈 예정입니다.

엠씨넥스는 '도전과 열정으로 새로운 가치를 창조하고 실현하는 인재', '진취적이고 유연한 사고로 끊임없이 도전하는 인재', '회사의 주인이라는 생각을 가지고 맡은 업무를 주도적으로 처리하며, 결과를 스스로 책임지는 인재'를 선호합니다. 경쟁 분야에서 차별성이 있고, 창의적이고 열정적인 사람의 지원을 기다립니다.

직원 인터뷰 장미정 사원

처음 입사했을 때는 제조업 회사라는 특성상 분위기가 차가울 줄 알고 긴장을 많이 했습니다. 그러나 정말 서로가 서로에게 힘을 실어주는 회사입니다.

힘든 몸을 잠시 쉴 수 있게 해주는 직원 휴게실과 다양한 메뉴의 점심을 제공하는 구내식당 등 직원들이 편하게 일할 수 있는 환경이 조성돼 있습니다. 스톡옵션이나 성과에 따른 인센티브 지급으로 업무에 대한 동기부여도 확실합니다.

무엇보다 임직원 모두가 하나 되어 국내 카메라모듈 1위 업체를 넘어서 세계 카메라모듈 1위 업체가 되기 위해 각자의 자리에서 노력하고 있습니다.

제우스

◆ ◆ ◆

Global ZEUS

기본정보

업종	매출	지역
제조업 반도체, 평판패널디스플레이 (FPD) 장비 등	**2,028억원**	**경기 오산**

임직원수	근속연수	주소
483명	**평균 6.1년**	경기도 오산시 경기동로 161 - 6(HQ) 전화: 02)377 - 9500

채용정보

홈페이지 globalzeus.com

채용요건 초대졸 이상(신입, 경력)

채용분야 해외 영업사원, 인사총무, PLC제어, 전장설계 등

채용전형 서류전형→면접

채용계획 수시채용

부가정보

복리후생 구내식당·기숙사 운영, 자녀학자금 지원, 의료비 지원, 경조사 지원, 건강검진, 경조비, 직원 대출, 명절 선물 지급, 콘도 제공, 패밀리 데이(Family Day) 개최

보상제도 우수사원 포상, 우수제안 포상, 외국어 인센티브, 우수프로젝트 포상, 우수 사내강사 포상, 장기근속 포상, 비흡연 수당, 인센티브

경력개발 지원제도 신입사원 OT, 사내 외국어 수업, 1:1 원어민강의, 외국어 시험응시료 지원, 사이버 연수원, 대학원 지원

제우스 본사 전경

기업 소개

직원들을 위한 패밀리 데이 행사

제우스는 1970년 창업 이래 40년이 넘는 기간 동안 꾸준한 연구개발과 사업영역 확장으로 지속가능한 성장을 이루어내고 있는 반도체 및 태양전지 전문기업이다.

반도체산업을 시작으로 성장한 제우스는 현재 평판 디스플레이FPD, 태양전지산업으로 시장을 확대했다. 고객과 협력사, 임직원 및 주주에 신의를 가진 조직을 구축한다는 전략적 방침을 토대로 마케팅과 연구개발의 유기적 관계를 형성하고, 시장과 고객의 요구에 빠르게 대응할 수 있도록 여러 가지 기계적 해결책을 제공함으로써 국내외 기업의 생산성을 향상시키고 있다.

그만큼 연구개발 투자에도 과감한 편이다. 연구개발을 위한 경상개발비를 지속적으로 늘려가고 있으며, 부설연구소를 설립해 다양한 산업군에 제우스만의 해결책을 제공하고자 노력 중이다.

2011년에는 세계일류상품 생산기업으로 선정되어 국내기술력으로 세계에서 인정받는 회사임을 입증하였으며, 2014년에는 미래 성장동력을 갖춘 회사로 인정받아 '월드 클래스 300 기업'으로도 선정되었다. 2016년에는 디스플레이 및 바이오산업의 차세대 기술인 양자점Quantum Dot 효율화 특허를 출원해 제우스의 기술력을 다시 한 번 증명하였다.

또한 인재를 양성하기 위해 여러 가지 제도를 운영 중이다. 우수 사내강사 포상, 사내강사료 지급 등을 통해 사내강의를 활성화시키고, 학점제도 운영을 통해 직원들의 공부 의지를 독려함으로써 업무역량을 기른다.

또한 직원들의 인문학적 소양 향상을 위해 도슨트와 함께하는 전시회 관람을 지원한다. 어학 능력 향상을 위해 사내 외국어 교육(영어, 중국어, 일본어)과 상주 원어민 강사와의 1:1 교습도 시행 중이다. 이러한 노력으로 2013년에는 고용노동부 외 3개 부처로부터 '인적자원 개발 우수기관'에 선정되었다.

또한 자녀학자금 지원, 출산한 여직원에게 축하선물 제공, 시간선택제 일자리 마련, 패밀리 데이 개최, 각종 봉사활동 등 임직원이 일과 삶의 균형을 맞출 수 있도록 최선을 다하고 있다.

현장의 목소리

임원 인터뷰 이종우 대표이사

경제 위기로 대기업의 투자가 위축되고, 취업난은 더욱 심해지고 있습니다. 일하기 좋은 기업을 찾기가 점점 더 어려워지고 있는 상황이지만, 제우스는 글로벌 경쟁도 손색없는 지속적인 성장을 하고 있습니다.

또한 발전가능성이 있는 인재들을 찾고, 키워내기 위해 꾸준히 노력하고 있습니다. 저희 회사는 '적극적인 자세로 자신의 역량을 키우는 전문성 있는 사람'을 인재상으로 채택하고 있습니다. "회사의 최고의 복지는 교육이다"라는 생각으로 일하기 좋은 직장을 만들기 위한 다양한 제도도 운영하고 있습니다. 열정을 가진 엔지니어들이 세상을 변화시킨다는 생각으로 IT산업 발전을 선도하는 기업이 되기 위해 노력하겠습니다.

직원 인터뷰 이태욱 사원

반도체 장비회사라는 특성상 남직원의 비율이 높다 보니 분위기가 딱딱하고 위계질서가 강할 것이라고 생각했습니다. 하지만 제 생각과 반대로 제우스는 유연하고 부드러운 분위기를 가지고 있었습니다.

또한 직원들의 복지 향상을 위한 특별한 제도가 무척이나 많습니다. 먼저 금연자를 위한 비흡연 수당과 외국어시험 점수에 따른 수당 등 여러 수당이 지급됩니다. 또 자녀학자금이 유치원부터 대학교까지 지원됩니다. 직원들은 외국어 교육과 업무 관련 교육을 온오프라인을 통해 자율적으로 수강할 수 있습니다. 또한 회사에 외국인 강사가 상주하는 등 다른 회사에서 볼 수 없는 차별적인 교육이 시행되고 있습니다. 이는 직원들이 자기계발을 하는 데 강한 동기부여가 되고 있습니다.

경기침체 속에서도 지속되는 성장과 경쟁력이 제우스의 가장 큰 강점이라고 생각합니다.

제이미크론

◆ ◆ ◆

기본정보

업종	매출	지역
제조업 도금(전자부품 커넥터 표면처리)	**220억 원**	**경기 안산**

임직원수	근속연수	주소
137명	**평균 5년**	경기도 안산시 단원구 해봉로 273 - 12(신길동) 전화: 031 - 491 - 3001

채용정보

홈페이지 www.j-micron.co.kr

채용요건 고졸 이상

채용분야 생산, 품질, 용액관리(화공/ 신소재 전공자) 등

채용전형 서류전형→면접전형

채용계획 수시채용

부가정보

복리후생 구내식당·통근버스·기숙사·휴게실 운영, 자녀입학금 지원, 경조사 지원, 명절 선물 제공, 사우회 운영, 근무복 지급

보상제도 우수사원 포상, 우수제안자 포상, 장기근속 포상 및 휴가, 공로상, 모범상

경력개발 지원제도 직무교육비 지원

제이미크론 본사 전경

기업 소개

직원들의 사기충전을 위한 다양한 사내 이벤트

1986년 창립된 제이미크론은 전자제품에 필요한 커넥터, 커버 등의 금속 소재 부품의 표면처리를 전문으로 하는 기업이다. 표면처리란 제품 표면을 가공하는 모든 공정을 아울러 일컫는 말이다. 제이미크론이 사양산업 중 하나인 표면처리 산업에서도 성장을 이어가며 경쟁력 있는 강소기업으로 성장할 수 있었던 비결은 바로 차별화된 고급기술에 집중한 덕분이다. 뿌리산업에 속하는 도금업종이지만, 제이미크론에서는 대부분의 공정이 자동화되어 진행되고 생산현장에서 악취나 유해물질도 발생하지 않는다.

제이미크론은 창업 초기부터 기술 장벽이 높은 특수 표면처리 사업에 뛰어들었다. 그중에서도 전자제품 내부에서 각 부품들 간의 전

자신호를 전달해주는 커넥터 도금에 집중했다. 일본 수입에 의존하던 커넥터를 국산화하겠다는 목표였다.

삼성전자, 대우전자 등의 반도체 도금공정을 하며 기술력을 쌓아 올렸으며, 현재는 국내 대기업 제품은 물론 중국 샤오미Xiaomi의 휴대폰 등 첨단산업 제품에도 기술을 적용하고 있다.

제이미크론의 커넥터 도금은 업계 최고 수준의 정밀도를 자랑하고 있으며, 까다로운 점Spot 도금도 안정적인 품질로 처리해 경제성이 높다.

또한 도금공정에서 발생하는 폐수를 재활용 처리하는 기술로도 새로운 이윤을 창출하는 중이다. 도금 공정에는 환경오염을 야기하는 산·알칼리 수용액과 시안CN계 화합물 등이 대량으로 사용된다. 이를 정화하기 위해 주로 쓰이는 알칼리 염소법에도 강한 산화제가 쓰이기 때문에 그 과정에서 다른 유해물질이 배출된다. 그러나 제이미크론은 염소처리와 이온처리, 이온교환 방법을 연속적으로 적용해 폐수를 효율적으로 정화하는 동시에 재활용도 가능한 시스템을 개발해냈다. 그 결과 일일 폐수 발생량 1,000톤 중 800톤 이상을 재처리해 사용하고 있다.

현장의 목소리

임원 인터뷰 황재익 대표이사

제이미크론은 30여 년의 역사와 함께 축적된 우수한 인적자원과 설비 그리고 지식 등을 통해 저희 회사만의 초소형 커넥터 부분 금도금 표면처리법을 개발해냈습니다. 이를 통해 고객들로부터 인정받았으며, 앞으로도 계속 실적을 극대화할 것입니다.

특히 국내 자체기술 개발로 가격, 생산 기간, 품질 등에 대한 문제가 해결되어 더 큰 경쟁력 확보가 가능해졌습니다. 동남아시아, 중국 등에 값싼 제품을 납품하는 표면처리 회사들 대비 기술 경쟁력 우위를 통하여 매출 및 이익이 크게 향상될 것이라 생각됩니다. 미래가 있는 기업에서 함께하길 기대합니다.

직원 인터뷰 이혜진 사원

입사지원서를 넣고, 면접을 준비할 때까지만 해도 저는 "도금을 하는 회사니까 좀 더럽지 않을까?" 혹은 "냄새도 날 것 같고, 약품이 몸에 해로울 수도 있겠다"는 생각을 했습니다. 그래서 사실 면접을 보기 전부터 입사에 대해 고민했습니다.

그러나 면접 후, 제 마음 속의 쓸데없는 걱정과 고민들은 바로 사라졌습니다. 제가 생각했던 것과는 너무도 다른 분위기와 깔끔한 내부, 그리고 자동화된 생산기계를 눈으로 직접 봤기 때문입니다. 또한 계단과 복도에서 직원 분들을 마주쳤을 때 먼저 인사해주고, 외부로 나가는 길은 아는지 물어봐주시는 모습이 무척이나 신선했습니다. 지금 생각해보면 저의 선입견 때문에 쓸데 없는 고민을 한 셈입니다.

저희 회사는 '일하기 좋은 기업'에 선정된 것은 물론 뿌리기술 전문기업으로 지정되었습니다. 일원으로서 더 없이 자랑스러운 회사입니다.

주성엔지니어링

◆ ◆ ◆

JUSLNG
ENGINEERING

기본정보

업종	매출	지역
제조업 반도체, 디스플레이, 태양전지 장비	**1,756억 원**	**경기**

임직원수	근속연수	주소
358명	**평균 6.4년**	경기도 광주시 오포읍 오포로 240 전화: 031 - 760 - 7000

채용정보

홈페이지 www.jseng.com

채용요건 초대졸, 대졸

채용분야 생산, C/S, 설계, 제어, 소프트웨어, 연구개발 등

채용전형 서류전형→면접

채용계획 수시채용

부가정보

복리후생 구내식당·휴게실 운영, 경조사 지원, 유류비 지급, 명절 선물 제공

보상제도 장기근속 포상, 인센티브

경력개발 지원제도 신입사원 OT 및 OJT, 리더십 교육, 직무능력 향상교육, 교육비 지급

주성엔지니어링 본사 전경.

기업 소개

대한민국기술대상 '금탑산업훈장' 수상

  주성엔지니어링은 1995년 우리 기술로 세계 최초·최고의 제품을
만들겠다는 신념 하나로 설립됐다. 설립 당시에는 외국 선진업체들
이 핵심장비 시장을 주도했지만, 한국의 자존심을 걸고 높은 기술 장
벽에 도전했다. 그 결과 다양한 장비의 국산화에 성공한 것은 물론이
고 현재 매출액의 절반 이상을 해외 수출을 통해 벌고 있다.

  1995년 주성엔지니어링은 저압화학증착장비LP-CVD인 HSG 장비
개발에 성공하며, 기술과 품질의 우수성을 처음으로 인정받았다.
1997년에는 국내 장비업체 최초로 해외수출에 성공하면서 우리나라
반도체 장비의 기술력을 세계에 알렸다. 2000년대 초에는 외부환경
영향으로 위기를 겪기도 했으나 과감한 연구개발 투자와 임직원의
단결된 의지로 극복했다. 이후 끝없는 도전과 개척정신으로 반도체
장비뿐 아니라 디스플레이 장비 분야에서도 세계 최고의 제품을 내
놓으며 업계를 선도하고 있다. 또한 태양전지 제조장비와 디스플레

이 분야로도 사업다각화를 이루고 있다.

그 결과 반도체, 디스플레이, 태양전지 제조장비 사업영역에서 지금까지 9개의 제품을 세계 최초로 개발하는 성과를 달성했다. 또 2010년 한국거래소의 '히든챔피언', 2011년 '월드클래스 300 기업'에 선정됐고 2011년 '대한민국기술대상'에서 금탑산업훈장을 수상하는 쾌거를 이루었다.

이처럼 주성엔지니어링은 국내 장비기업의 역사를 가능성에서 확신으로 변화시켜왔다. 성장의 가장 큰 원천은 끊임없는 연구개발과 창조적인 기술력에 있다. 따라서 임직원들도 '시장을 쫓는 대신 스스로 만들겠다'는 인식 전환을 무엇보다 강조한다. '창조와 함께 더 큰 시장과 기회가 열린다'는 명확한 목표의식으로 혁신과 효율을 추구하고, 창조적 인재 육성에 집중하고 있다.

현장의 목소리

임원 인터뷰 황철주 대표

주성엔지니어링은 반도체와 디스플레이, 태양광 등 첨단기술의 집합체인 장비 시장에서 세계 최초의 기술을 시장에 선보이며 성장해왔다는 점에 큰 자부심을 가지고 있습니다.

글로벌 시장의 높은 기술장벽을 뛰어넘기 위해 원천기술 확보에 주력했고, 그 결과 현재 2,000여 개에 달하는 특허를 보유하고 있습니다. 차별화된 기술 경쟁력을 통해 세계 최초로 개발한 아홉 개의 제품처럼, 앞으로도 세상에 없던 혁신적인 제품을 선보일 예정입니다. 저희 회사와 함께 끊임없이 도전하고자 하는 분들을 찾고 있습니다.

직원 인터뷰 한승현 대리

'주성은 세계 1등 제품만 만듭니다', 'Think for the first, Work for the No.1' 등 회사 건물에 붙어 있는 슬로건 때문에 주성엔지니어링의 첫인상은 매우 '도전적인 회사'였습니다. 모든 임직원들이 하나의 목표의식을 갖고, 그 도전 과정을 친형제나 친구처럼 함께하기 때문에 저는 눈에 띄게 성장할 수 있었습니다.

동시에 '잘 쉬는 것이 경쟁력', '전략적인 휴가가 일하는 보람을 만든다'라는 생각으로 저희 기업은 직원들의 휴가를 충분히 보장합니다. '휴가문화 우수기업'에 선정될 정도입니다. 특히 리프레시 휴가 제도를 도입하여 직원들에게 일정 기간마다 재충전의 기회를 주고 있습니다. 이 모든 것은 확실한 업무분장과 업무효율화를 통해 이뤄낸 결실입니다.

크로바케미칼

◆ ◆ ◆

#2

첨단기기

(주)크로바케미칼
CLOVER CHEMICAL CO.,LTD.

기본정보

업종	매출	지역
제조업	**1,500억 원**	**서울, 충북 진천, 경북 경산**
정밀화학 포장용기, 초고순도 반도체 시약 용기		

임직원수	근속연수	주소
250명	**평균 20년**	경상북도 경산시 진량읍 공단 8로 110(진량2공단)
		전화: 053)859 - 8800

채용정보

홈페이지 www.cloverchemical.com

채용요건 무관

채용분야 영업, 기획, 생산, 품질, 경리 등

채용전형 서류전형→1차 면접→2차 면접

채용계획 수시채용

부가정보

복리후생 구내식당·통근차량·기숙사·휴게실 운영, 경조사 지원, 사내근로복지기금 운용(주택자금, 생활안정자금 대출), 명절·생일·돌 선물 지급, 사내 동호회 지원

보상제도 우수사원 포상, 우수제안 포상, 장기근속 포상, 공로상

경력개발 지원제도 신입사원 OT, 관리자 교육, 리더십 교육, 직무능력 향상교육, 해외연수

크로바케미컬 본사 전경

기업 소개

기술제휴를 위한 독일 슈츠 사 방문

　크로바케미칼은 1976년 회사 창립 이래 정밀화학 포장용기 생산에 전념해 현재 세계 4위권의 업체가 됐다. 지속적인 연구개발로 위험물 용기의 품질 향상에 선도적인 역할을 해왔고, 독일 마우저 MAUSER 사, 독일 슈츠SCHUETZ 사와의 기술제휴를 통해 20리터 용기에서부터 200리터 드럼, 1,000리터 IBC 용기를 모두 국산화해 생산하고 있다. 이렇듯 다양한 용기를 일괄 생산하는 체제를 갖춰 지금과 같은 세계 일류기업으로 성장할 수 있었다.

　크로바케미칼은 현재 동양 최대 규모의 생산설비를 갖추고 최신의 시스템과 과학적인 운영으로 최고 품질의 제품을 생산 및 공급하고 있다. 제품 생산의 전 공정을 첨단 자동화 시스템과 컴퓨터 제어를 통해 다룸으로써 생산성을 극대화했다. 또 철저한 품질관리 시스템을 통해 국내 최초로 위험물용기 인정 공장 자격(ISO 9001 - 2008)을 획득했다. 제품들 역시 국제해사위원회IMO가 인정하는 국내외 유수의 시험기관들과 독일의 연구소 BAM으로부터 인증을 획득하는 등 전 세계적으로 품질을 인정받았다.

또한 그간 축적된 기술력을 바탕으로 수입에 의존하던 초고순도 반도체용 용기를 국산화했다. 이를 계열사인 '화진'에서 생산 및 공급하며 국내 반도체 역시 분야의 기술발전에도 기여하고 있다.

현장의 목소리

임원 인터뷰 강선중 대표이사

사업을 시작하면서부터 매일 5종류의 신문을 정독하고 있습니다. 국내외 전반적인 흐름을 읽고 미래에 다가올 상황을 예측합니다. 예를 들어 1995년 말경 경제적 위기를 직감하고 시설 투자를 하지 않았습니다. 그 결과 IMF는 저희 회사에게 오히려 기회로 바뀌었습니다.

또 저희 회사는 독특한 영업을 하고 있습니다. 품질과 가격으로 수요처의 만족을 우선하는 것입니다. 고객을 쫓아다니는 영업이 아닌 고객을 만족시키는 경영방식에 자부심을 갖고 일합니다.

직원들에게는 자기계발의 기회를 무한히 주려고 합니다. 외부강사를 초빙하는 등 본인의 열의만 있으면 어떤 교육이라도 받을 수 있습니다. 이런 복리후생 덕분에 이직자가 거의 없습니다. 여직원들도 결혼, 출산으로 인한 부담이 전혀 없습니다. 대신 한 번 퇴사한 직원은 재 채용하지 않는다는 것이 하나의 원칙입니다.

직원 인터뷰 권익성 사원

크로바케미칼은 규모는 크지 않지만 세계적인 기술력과 명확한 비전으로 꾸준히 성장하는 곳입니다.

저희 회사는 업무체계가 잘 갖춰져 있고, 전담 멘토가 신입사원의 업무적, 업무 외적으로 적응을 돕습니다. 다른 중소기업과 달리 신입사원 입문교육, 공장 교육, 직무교육을 차근차근 받을 수 있도록 프로그램도 잘 구성되어 있습니다.

5년 근속 시 누구나 해외연수를 갈 수 있다는 점도 자랑할 만한 복지로 꼽고 싶습니다. 물론 모든 비용은 회사에서 부담합니다. 이 외에도 우수제안 포상, 장기근속 포상 등의 다양한 제도가 갖춰져 있습니다.

IT·바이오 리더를 꿈꾼다면

IT/모바일/스마트카드/인체공학

더존비즈온

◆ ◆ ◆

기본정보

업종	매출	지역
소프트웨어 개발 및 판매 ERP, 회계프로그램, 그룹웨어, 보안, 클라우드 서비스, 전자금융 서비스 등	**1,577억 원**	**서울, 강원 춘천**

임직원수	근속연수	주소
986명	**평균 5.8년**	강원도 춘천시 남산면 버들1길 130 전화: 02 - 6233 - 3000

채용정보

홈페이지 www.duzon.com

채용요건 부문별 상이

채용분야 소프트웨어 개발, 기획, 컨설팅, 영업, 디자인, 교육, 유지보수 등

채용전형 서류전형→면접

채용계획 수시채용

부가정보

복리후생 기숙사·통근버스(서울, 경기, 춘천)·카페테리아·헬스케어센터·라인케어센터·사내 보육시설 운영, 식사 제공(조·중·석식), 건강검진, 각종 경조휴가 및 경조금 지급, 단체상해 보험, 명절 선물 지급, 사내 동호회 운영

보상제도 연봉제

경력개발 지원제도 신입사원 OT 및 OJT, IT코디네이터 자격 제도, 이러닝(직무능력 향상 교육, 리더십 교육 등)

더존비즈온의 연구동 및 연구개발센터

기업 소개

직원들이 자유롭게 휴식을 즐길 수 있는 사내 카페테리아

　더존비즈온은 기업을 위한 모든 IT솔루션과 서비스를 제공하는 코스피 상장회사다. 국내 소프트웨어 업계 중 최대 매출을 자랑하며, SAP, 오라클~Oracle~ 등 글로벌 기업의 공세 속에서도　토종 소프트웨어 기업의 자존심을 지켜내고 있다.

　현재 대표 프로그램인 회계 프로그램뿐 아니라 전사적 자원관리~ERP~, 그룹웨어, 정보보호, 전자세금계산서 등 기업 정보화 소프트웨어 분야에서 시장점유율과 보급율 1위를 이어가고 있다. 이 같은 사업성과를 바탕으로 현재 클라우드 사업을 위한 핵심거점 'D-클라우드 센터'를 구축하고 클라우드 플랫폼, 모바일 오피스, 전자금융, 전자문서 관련 프로그램인 공인전자문서센터, 공인전자문서중계자, 샵메일, 그리고 인터넷 데이터센터~IDC~ 등 연계된 미래형 서비스 모델을 다양하게 선보이고 있다.

더존비즈온 사내 어린이집

  해외 시장 진출도 활발하다. 지난 2001년 중국의 북경과 동관, 청도에 현지법인을 설립해 아시아 시장 진출을 위한 교두보를 마련했다. 또 2005년에는 일본 현지법인을 설립해 본격적인 사업 활동을 시작했다. 최근에는 중동과 동남아시아 등에 국내 최초, 최대 규모의 보안 서비스를 수출하기도 했다.

  끊임없는 연구개발을 통한 기술적 성과는 성공의 기반이 됐다. 국내에서 각종 특허와 인증을 취득한 것은 물론 미국, 일본, 중국 등지에서도 특허를 획득하면서 해외 시장 진출을 위한 기술 경쟁력을 확보했다.

  이 모든 것을 가능하게 한 것은 인재 중심의 경영철학이다. 더존비즈온은 직원 누구나 차별받지 않고, 나아가 가족까지 함께 누릴 수 있는 친가족적인 복지 정책을 제공한다. 직원들이 회사 곳곳에서 맛있게 먹고, 즐겁게 놀고, 건강하게 운동할 수 있도록 배려함으로써 일과 삶이 조화된 행복한 기업을 추구하고 있다.

현장의 목소리

임원 인터뷰 김용우 대표이사

더존비즈온은 국내 IT 역사와 함께 성장하며 기업에 필요한 모든 IT솔루션과 서비스를 제공하고 있습니다. 저희의 목표는 급속도로 변화하는 IT 환경에서 기업이 원하는 것 그 이상의 해답을 제공하는 것입니다.

끊임없는 변화와 멈추지 않는 도전을 통해, 더존비즈온은 기업들의 잠재력을 극대화하는 파트너로서 자리매김했습니다. 이제는 세계로 뻗어가는 글로벌 IT기업으로 성장해나갈 것입니다.

더존비즈온은 혁신적인 인재를 선호합니다. IT 자체가 사람들의 일상에 혁신을 주어야 하는 것이기 때문입니다. 또한 커뮤니케이션 능력이 뛰어난 인재를 바랍니다. 자신의 생각을 잘 전달하고, 상대방의 의사를 잘 이해해야 한다는 뜻입니다. 동시에 능력보다는 휴머니즘을 지향하는 인재를 가장 높이 평가합니다. 모든 것의 기초는 '사람'이기 때문입니다.

직원 인터뷰 조혜림 사원

IT분야에 관심이 없으면, 저희 회사에 대해 잘 모르는 경우가 많습니다. 그러나 해당 분야를 지배하는 기업이란 뜻의 '히든 챔피언' 리스트에 매년 빼놓지 않고 이름을 올리는 곳입니다.

저희 회사는 조직 구성원의 건강이 곧 회사의 경쟁력이라는 생각으로 전문 트레이너와 최신식 설비를 보유한 헬스케어센터, 라인케어센터 등을 운영하고 있습니다. '집 밥 같은' 식사도 자랑입니다. 또한 직원들이 보다 효율적으로 일할 수 있도록 넓은 휴식 공간이 회사 내 곳곳에 마련돼 있습니다. 구성원 간의 친밀도를 증가시키고 회사와 직원 간의 신뢰를 만드는 다양한 동호회도 활발하게 운영 중입니다.

#3
IT·바이오

루트로닉

◆◆◆

LUTRON|C

기본정보

업종	매출	지역
제조업	**710억 원**	**경기 고양**
레이저 의료기기 등		

임직원수	근속연수	주소
230명	**평균 4.8년**	경기도 고양시 덕양구 소원로 219
		전화: 031 - 908 - 3440

채용정보

홈페이지 www.korea.lutronic.com

채용요건 고졸, 대졸

채용분야 영업, 광학, 파워, 기구, 소프트웨어, 제어, 임상지원, RA 등

채용전형 서류전형→면접

채용계획 수시채용

부가정보

복리후생 구내식당·사내 헬스장·사내 도서관·샤워실 운영, 식사 제공(조·중·석식), 영유아 보육료 지원, 결혼기념일 식대 지원, 경조사회 운영, 각종 경조금 지원, 생일자 선물 지급, 사내 동호회 지원

보상제도 우수사원 포상, 장기근속 포상, 공로상, 인센티브

경력개발 지원제도 신입사원 OT 및 OJT, 리더십 교육, 사이버연수원 운영, 사내 외국어교육, 대학원 학자금 지원, 어학비 지원, 체력단련비 지원

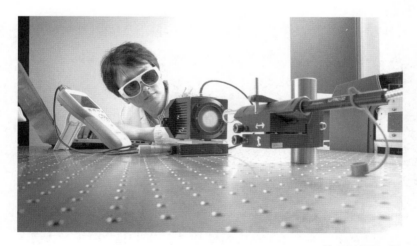

루트로닉 연구소 내부

기업 소개

루트로닉 본사 전경

　루트로닉은 1997년 설립된 국내 1등 레이저 의료기기 업체이자 창조적 의료기술로 삶의 질 개선에 앞장서는 기업이다. 특히 에스테틱 레이저 의료기기 분야에서 국내 시장점유율 1위를 차지했고, 색소 치료 레이저 분야에서 독보적인 기술력을 자랑하며 전 세계 기업들과 경쟁하고 있다.

　현재 총 15종의 기기를 보유하고 있으며, 2015년에는 병의원용 화장품 '라셈드LASEMD'를 출시했다. 최근에는 황반 치료 레이저 '알젠R-GEN'이 식품의약품안전처의 제조 허가와 유럽국가 적합성인 CE 인증을 받으며 초정밀 수술 분야로도 사업 범위를 확장하고 있다. 이 제품은 세계 최초로 당뇨병성 황반부종과 중심성 장액 맥락망막병증 환자를 치료할 수 있는 기능을 갖고 있다.

루트로닉의 의료기기는 뛰어난 임상효과 보증을 통해 환자와 의사의 만족도를 동시에 극대화하고 있다. 이 바탕에는 다양한 분야 전문가들과의 지속적인 커뮤니케이션이 있다. '유저스데이User's Day'와 학술세미나, 국내 최대 의료기기 전시회인 KIMES 등을 통해 다양한 고객과 적극적으로 소통하고 있다. 또한 매년 매출액의 20% 내외를 연구개발에 투자함으로써 우수한 제품 개발에 힘을 쏟고 있다.

루트로닉은 앞서가는 기술로 혁신적이며, 사용하기 쉽고, 다양한 제품을 개발하고 공급하기 위하여 끊임없이 노력 중이다. 레이저 소스, 전원공급 장치, 제어시스템 등의 설계기술을 비롯하여 여러 핵심 기술들을 자체보유하고 있으며, 미국 특허를 포함해 국내외에 219건의 특허를 등록 및 출원 중이다.

#3

IT
·
바
이
오

직원 간의 소통과 즐거움을 위한 다양한 이벤트

사회에 유익한 솔루션을 개발해 인류의 삶의 질 향상에 도움을 주는 것을 목표로, 지금까지 에스테틱 분야에 집중돼 있던 제품군을 보다 다양한 분야로 확장하고 있다. 빛과 에너지를 이용한 정밀치료를 제공하는 종합 의료기기 회사로 발전하고자 하며, 끊임없는 연구개발을 통해 의료용 레이저 업계의 세계적인 선두주자가 되고자 한다.

　루트로닉은 차별화된 기술력으로 국내 피부과 시장의 패러다임을 변화시키며 '히든 챔피언'에 선정되었고, 글로벌 기업으로서의 입지도 굳혀나가고 있다. 실제로 2015년 본사 기준 전체 매출액인 710억 원 중 70%가 수출을 통해 발생했다.

　또한 2007년에는 미국 현지법인을 설립하고 캐나다의 QMI 인증을 획득했으며, 2008년에는 일본 현지법인을 설립했다. 현재 지식경제부에서 선정한 '우수제조기술연구센터ATC', 중소기업청의 '경영혁신형 중소기업MAIN-BIZ', 지식경제부의 '한국서비스 품질 우수기업'으로 지정됐다. 또한 보건복지부의 '보건신기술NET' 인증을 획득하는 등 지속적인 성장을 보이고 있다.

현장의 목소리

임원 인터뷰 황해령 대표

새로운 의료기기는 신약과 비슷합니다. 질병으로 고통받는 인류에게 생명의 빛을 주기 때문입니다. 그 중심에서 끊임없이 도전한 결과, 루트로닉은 국산 의료기기 시장을 만들어냈고, '메이드 인 코리아'로 세계 시장에서 경쟁하고 있습니다. 끊임없는 연구를 통한 혁신적인 기술로 의료용 레이저 업계의 선두주자로 자리매김하는 것은 물론, 고객이 만족하고 직원이 행복해하는 백년기업을 지향하고 있습니다.

직원이 행복할 때 고객이 행복하고, 고객이 행복해야 기업 또한 성장할 수 있다는 철학으로 직원을 위한 다양한 복지를 마련하고 있습니다. 예를 들어 루트로닉센터에서 가장 전망이 좋은 8층은 구내식당으로 만들었습니다. 또 식당을 자체운영함으로써 직원들에게 건강한 유기농 음식을 제공하고 있습니다. 이런 복지가 회사와 직원을 끈끈하게 이어준다고 생각합니다.

직원 인터뷰 박세미 대리

운동 공간이 있는 지하 2층부터 구내식당 'Café L'가 위치한 지상 8층, 그리고 바비큐 파티를 즐길 수 있는 옥상까지, 루트로닉 사옥의 곳곳은 직원을 생각하는 마음으로 차 있습니다.

무엇보다 사람의 가치를 중요하게 여기는 회사인 만큼 직원의 능력 계발에도 많은 관심을 쏟고 있습니다. 저는 회사 지원을 통해 영어, 중국어 공부도 하고 직무능력도 기르고 있습니다.

출퇴근 시간을 포함해 우리는 평균적으로 하루의 반 이상을 회사에 투자합니다. 어떤 사람과 어떤 환경에서 어떤 일을 할지 잘 생각해보세요. 회사와 함께 성장해나가고 싶다면 루트로닉입니다.

#3

IT · 바이오

바이오스마트

◆ ◆ ◆

기본정보

업종	매출	지역
제조업 신용카드 등	374억 원	서울, 충남 아산

임직원수	근속연수	주소
150명	평균 8년	서울특별시 성동구 광나루로 172번지 전화: 02-3218-9000

채용정보

홈페이지 www.bio-smart.com
채용요건 대졸
채용분야 영업본부, 디자인팀 등
채용전형 서류전형→면접
채용계획 수시채용

부가정보

복리후생 구내식당·사내 카페테리아 운영, 식사(중식) 제공, 자녀교육비 지원, 업무용 교통비 지급, 가계 및 전세자금 대출, 생일·명절 선물 지급, 회사 휴양시설 운영(한화리조트, 웰리힐리파크, 대명리조트), 창립기념일 행사, 사내 동호회 운영

보상제도 우수사원 포상, 우수제안 포상, 장기근속 포상, 인센티브, 영업이익의 일정 비율을 직원에게 성과급으로 지급

경력개발 지원제도 신입사원 OJT, 직무능력 향상 교육, 도서 구입비 지원

바이오스마트 사무실과 자체제작 상품

기업 소개

바이오스마트 내부 카페테리아

바이오스마트는 국내에서 신용카드가 사용되기 시작한 1980년대 초반부터 마그네틱 카드를 생산하기 시작했다. 이후 해외 카드사인 비자VISA, 마스터MASTER, 다이너스DINERS, JCB로부터 국제 규격의 카드 생산 제조 인준을 획득했다. 현재는 국내 거의 모든 신용카드사 및 주요 은행, 증권사, 유명 백화점, 각종 교육기관 등에 신용카드 및 멤버십 카드를 공급하고 있다.

바이오스마트는 국내를 넘어 세계 시장에까지 진출했고, 새로운 카드 시장을 계속해서 창조하고 있다. 카드 제작의 주원료로 폴리염화비닐PVC이 아닌 친환경 소재를 사용하는 친환경카드, 좋은 향기가 나는 향기카드 등 일정한 용도와 목적이 있는 특수카드를 제작 중이다. 친환경 소재를 활용한 카드의 경우 기업의 사회적 책임을 적극적으로 실천했다는 점에서 의미가 깊다. 보석카드, 향기카드, 자개카드 등은 매출 다변화 및 다양성 추구 차원에서 시도한 것이다. 앞으로도 바이오스마트는 다양하고 창조적인 신제품을 꾸준히 출시해 매출을 늘려갈 계획이다.

이런 끊임없는 도전의 바탕에는 탄탄한 경쟁력이 있다. 바이오스마트는 카드제조사를 인수하며 국내 신용카드의 IC카드 전환에 따른 수요를 충분히 수용할 수 있는 생산설비를 갖췄다. 다양한 고객의 요구를 적극 수용하기 위해 디지털 인쇄기술을 자체개발했으며, 이를 해외로 수출도 하고 있다. 또한 자체기술력으로 개발한 카드 역시 안정성을 인정받으며 도로공사 하이패스에 공급하기도 했다.

바이오스마트는 글로벌 기업으로 도약하기 위해 해외사업을 주도할 인력을 보강 중이며, 스마트카드 부문에서 최고의 권위를 자랑하는 프랑스 파리의 까르떼 전시회에 매년 참석하고 있다. 또 수출입은행, LG CNS와의 '대기업-중소기업 상생협약'을 체결을 통해 콜롬비아 보고타에 교통카드를 공급하기도 했다.

현장의 목소리

임원 인터뷰 윤호권 대표이사

 바이오스마트의 경쟁력은 크게 세 가지입니다. 첫째는 수십 년 동안 축적한 노하우를 통해 고객들에게 좋은 품질의 제품을 공급하고 있다는 것, 둘째는 국내 최대의 생산설비, 셋째는 꾸준한 연구개발입니다.

바이오스마트의 직원 평균 근속연수는 약 8년으로 다른 중소기업에 비해 이직률이 현저히 낮습니다. 특히 중간 관리자 중 여성이 많아 섬세하고 유연한 리더십이 잘 발휘되는 회사이기도 합니다.

바이오스마트는 2016년을 글로벌 기업 도약의 원년으로 삼고 세계 시장 진출에 박차를 가하고 있습니다. 외적인 성장과 함께 따뜻한 자본주의를 꿈꾸는 기업, 바이오스마트의 내일에 함께해주시기를 바랍니다.

직원 인터뷰 김영훈 사원

바이오스마트는 직급 간 격차가 적으며 남녀가 평등하게 일할 수 있는 선진적인 기업문화가 정착돼 있습니다. 직원과 임원의 의사소통이 활발하며 신입사원의 의견을 적극적으로 경영에 반영하는 등 직원의 소리에도 귀를 기울입니다.

저는 디자인팀에서 카드 디자인 시안 작업, 신상품 개발 및 마케팅까지 맡고 있습니다. 이렇게 광범위하게 전문지식을 쌓을 수 있는 이유는 바이오스마트가 건실한 제조회사이기 때문입니다.

입사 직후 전체 공정에 대한 교육을 받았고, 현재는 생산 담당자와의 협의를 통해 샘플을 직접 제작하고 있습니다. 덕분에 카드 디자인에 관한 전체적인 공정을 누구보다 잘 안다고 자부합니다.

바텍

◆ ◆ ◆

기본정보

업종	매출	지역
제조업 치과용 디지털 엑스레이 의료기기 등	**2,170억 원**	**경기 화성**

임직원수	근속연수	주소
200명	**평균 5.2년**	경기도 화성시 삼성1로 2길 13 전화: 031 - 679 - 2000

채용정보

홈페이지 www.vatechcorp.co.kr

채용요건 대졸

채용분야 영업, 마케팅, 경영, 연구개발 등

채용전형 서류전형→면접

채용계획 수시채용

부가정보

복리후생 사내 카페·사내 주차장·직장 어린이집·헬스장 운영, 식사(조·중·석식) 제공, 건강검진, 사내 경조금 지원, 경조휴가, 교육비 지원, 직책수당, 기념일 선물 제공, 휴양시설 지원, 사내 동호회 운영

보상제도 분기별/연도별 성과평가를 통한 개인·팀별 포상, 장기근속 포상, 인센티브

경력개발 지원제도 신입사원 OJT, 직무개발 자체교육, 이러닝 교육 지원, 외부교육 지원

바텍 본사 전경

기업 소개

직원 소통 프로그램 중 하나로 진행한 일본 시코쿠 순례

#3
IT · 바이오

바텍은 치과 영상진단장비인 글로벌 덴탈이미징 전문기업으로, 치과용 엑스레이 및 CT장비 시스템을 개발하고 제조한다.

2003년 출범 당시, 국내 최초로 치과용 디지털 엑스레이장비 개발에 성공하며 글로벌 기업들이 독점하고 있었던 치과용 엑스레이장비 시장에 돌풍을 일으켰으며, 지속적인 연구개발과 품질 개선 노력을 통해 탄탄한 제품 경쟁력을 확보했다. 현재는 덴탈이미징 시장에서 국내 1위, 세계 3위의 시장점유율을 차지하고 있다.

바텍의 가장 큰 강점은 차별화된 기술력이다. 지식경제부에서 공식 인증하는 '세계일류상품'에 7년 연속 선정되고, 2015년에는 '월드 클래스 300 기업'으로 선정되는 등 국내에서는 이미 기술력을 확실히 인정받았다. 또한 세계 시장에서도 독보적인 기술력을 바탕으로 회사 및 제품 인지도를 확대해나가고 있다.

바텍은 매년 신제품 개발 및 기존 제품 보강을 통해 차별화된 진단 장비를 제공하고 있다. 특히 2013년에 방사선 노출 시간을 5.9초로 단축시키며, 기존 대비 방사선 노출량을 75%까지 낮춘 저선량 CT장비 '팍스아이3D 그린PaX -i3D Green'을 세계 최초로 개발, 출시하며 큰 주목을 받았다.

　현재 12개의 해외법인과 약 100개국에 설립된 대리점 등 탄탄한 글로벌 판매망을 갖추고 있으며, 세계 시장에서의 영향력을 더욱 확대해나간다는 계획이다. 2015년에는 아시아와 북미 시장, 유럽 시장 등에서 판매가 꾸준히 증가되어 회사 전체 매출액의 약 80% 이상을 수출로 일궈냈다.

　치과 영상장비 분야에 대한 글로벌 시장 전망도 밝다. 전 세계적으로 인구 고령화 추세가 이어지며 특히 치아 건강에 대한 관심이 증대되고 있고, 치과 환자들도 늘고 있는 추세다. 특히 중국은 정부 차원에서 2020년까지 의료시장을 본격적으로 확대하고 성장시키겠다고 공표하기도 했다.

현장의 목소리

임원 인터뷰 안상욱 대표이사

차별적인 경쟁력으로 좋은 일자리 만들기와 회사 전 구성원의 정신적·물질적 행복 실현을 가장 중요한 경영 철학으로 여기고 실천 중입니다.

물론 기업이 직원들에게 안정된 일자리로 여겨지려면, 선택한 사업 영역에서 세계 1위를 달성해야 합니다. 글로벌 헬스케어 강소기업이라는 궁극적 목표를 이루어 덴탈이미징 분야에서 세계 시장을 선도해 나가겠습니다.

직원 인터뷰 편주현 사원

바텍은 단기간에 치과영상 진단기기 분야 국내 1위, 세계 3위로 성장했으며 지금도 지속적으로 혁신 제품을 출시하고 있습니다. 한 분야의 기술 리더십을 확보하고 있다는 점에도 자부심이 크지만, 무엇보다 사람의 성장을 생각하는 따뜻한 회사라는 사실을 강조하고 싶습니다.

바텍의 경영이념 및 핵심가치는 '사람 중심'입니다. 단순히 이윤 추구만을 목표로 하는 것이 아니라 구성원들을 통해 기업의 경쟁력을 높이고, 동시에 직원들의 직장생활 만족도와 삶의 질을 생각합니다. 더 나아가 사회적으로도 지속적인 경제성장과 고용창출에 기여하고자 하고자 합니다.

또한 2016년부터 경력개발을 위한 교육제도와 직장 어린이집, 사내 헬스클럽 등이 새롭게 운영되고 있습니다. 이렇듯 성장 가능성이 크고, 직원들에게 행복을 주기 위해 노력하는 회사를 다니고 있다는 사실에 만족감이 매우 큽니다.

#3
IT · 바 이 오

성우모바일

· · ·

기본정보

업종 **도소매, 제조업** 태블릿PC, 컴퓨터 주변기기 등	**매출** **105억 원**	**지역** **경기 안양**
임직원수 **100명**	**근속연수** **평균 11년**	**주소** 경기도 안양시 동안구 시민 대로 401, 1307호(관양동, 대룡테크노타운15차) 전화: 031 - 8040 - 2956

채용정보

홈페이지 www.sungwoomobile.com

채용요건 대졸

채용분야 영업, 생산, 연구개발 등

채용전형 서류전형→면접

채용계획 미정

부가정보

복리후생 구내식당 운영, 식대(중식) 제공, 명절 선물 및 상여 지급, 휴가비 지원, 경조사비 지원, 가족송년회, 사내 동호회 지원

보상제도 우수사원 포상, 장기근속 포상, 인재추천 포상, 발명보상제

경력개발 지원제도 신입사원 OT 및 OJT, 리더십 교육, 직무능력 향상교육, MBA 지원, 자기 계발비 지원, 도서구입비 지원

성우모바일 사무실 입구

기업 소개

성우 모바일이 취득한 각종 표창장과 기술인증서

삼성, 애플, 아마존과 같은 세계 굴지의 대기업이 태블릿PC 시장을 주도하는 가운데 성우모바일은 중저가 보급형 태블릿PC 시장을 파고들어 성과를 내고 있는 기업이다. 경기 안양에 본사를 둔 성우모바일은 그동안 쌓아온 이동통신 기술을 기반으로 '코넥티아Connectia 태블릿PC'를 자체개발했다.

성우모바일이 제품을 처음 개발하기 시작했던 2009년 당시는 9.7인치 아이패드가 시장에 막 출시됐고 서브 노트북의 성격의 10~13인치 넷북이 유행하던 시기였다. 아이패드와 넷북 모두 상대적으로 휴대성이 떨어졌으므로, 성우모바일은 '조금 더 작은 7인치 제품을 만들어보자'는 생각으로 무작정 제품을 만들기 시작했다. 그러나 당시에는 수요가 없다며 부품업체에서도 반가워하지 않았고, 개발 비용도 큰 탓에 많은 어려움을 겪었다. 성우모바일이 인정받기 시작한 것은 대기업에서 작은 디스플레이 제품을 하나 둘 출시하면서부터였다.

이후 2010년도에는 9.7인치 '코넥티아 SM - 200'을, 2012년도에 10.1인치 '코넥티아 SM - 300'을 개발했다. 50~60만 원대의 값비싼 스마트패드 시장에서 토종 기술력을 더한 20만 원대 중저가형 태블릿PC는 큰 반향을 일으켰다. 홈쇼핑을 통해 판매할 때마다 순식간에 매진되는 등 성우모바일은 보급형 중저가 태블릿PC 시장에서 이름을 알리며 대중을 매료시켰다.

코넥티아의 선풍적인 인기를 바탕으로 매출 규모는 2012년 39억 원에서 2015년에는 100억 원 이상으로 성장했다. 2013년도에는 '안전 행정부 장관상'을, 2014년에는 '국무총리표창'을 수상하며 IT관련 기술개발 및 태블릿PC 판로를 개척한 공로를 인정받았다. 직원 수 역시 2012년 45명에서 100여 명으로 두 배 넘게 늘어났다.

스마트패드 시장은 정체기에 접어들었지만, 성우모바일은 끊임없는 연구와 노력으로 2in1 PC, 울트라 노트북, 듀얼 태블릿PC 등 제품 라인업을 확장시키고 있다. 또한 온·오프라인을 통해 인지도와 판매량을 꾸준히 높이고 있다.

현장의 목소리

임원 인터뷰 김기혁 대표

성우모바일은 휴대폰 소프트웨어를 개발하고 공급하는 회사로 시작해 태블릿PC 시장으로 사업을 확장했습니다. 성우모바일의 태블릿PC는 애플의 아이패드보다 먼저 세상에 나왔습니다. 그래서 저희 제품이 어떤 제품인지조차 설명하기 힘들었던 기억이 있습니다.

성우모바일의 비전은 누구나 편리하게 사용할 수 있는 '휴먼 컴퓨터 인터페이스'를 제공하는 것입니다. 이 목표를 이루기 위해서는 사람을 잘 키워야 합니다. 인재와 기술을 하나로 인식해 임직원 모두를 소중히 여기며, 개개인의 행복을 최고로 추구하고 있습니다. 또 창의적인 정신으로 세상에 도전하는 인재를 찾고 있습니다.

직원 인터뷰 한대희 사원

저는 중소기업을 '일을 많이 시키는 힘든 곳'이라고만 생각했습니다. 하지만 성우모바일에서 일하면서, 일의 양보다 일을 통해 얻을 수 있는 것이 무엇인지를 먼저 생각해야 한다는 사실을 배웠습니다.

현재 저는 경영기획부에서 기획에 대한 업무를 하나하나 배우며 안목을 넓혀가고 있습니다. 저희 제품에 대한 자부심을 가지게 되었고, 더 나아가 대한민국을 대표하는 제품을 만든다는 책임감으로 일에 몰입하고 있습니다.

막연한 꿈을 안고 면접을 보러 갔던 날이 기억납니다. 당시 면접관으로 참석한 대표님은 "일을 열심히 하는 것만큼 자기 자신을 관리하는 것도, 취미를 즐기는 것도 중요하다"고 조언해주셨습니다. 이렇듯 좋은 회사는 단순히 돈이 많은 회사가 아니라 사람이 중심이 되고, 직원에게 비전을 심어줄 수 있는 곳이라고 생각합니다.

오스템임플란트

◆ ◆ ◆

OSSTEM
IMPLANT

기본정보

업종	매출	지역
제조업 임플란트, 치과 기자재 및 재료, 치과용 SW	**2,829억 원**	**서울**

임직원수	근속연수	주소
1,190명	**평균 5년**	서울특별시 금천구 가산디지털2로 123 월드메르디앙 2차 8층 전화: 02-2016-7000

채용정보

홈페이지 www.osstem.com

채용요건 고졸, 대졸

채용분야 국내외 영업, 경영지원, 기술지원, 제조, 서비스, 연구개발 등

채용전형 서류전형→면접

채용계획 수시채용

부가정보

복리후생 각종 수당, 경조사, 식비 제공, 건강검진, 교통보조금 지급, 생일·설/추석 명절 선물 지급, 워크샵/체육대회 지원, 사내 동호회 지원

보상제도 실적 우수 영업사원·팀 포상, 우수 제안 부서 및 직원 포상, 장기근속 포상, 인재추천 포상, 모범사원 포상, 인센티브

경력개발 지원제도 신입사원 OJT, 리더십 교육, 직무능력 향상교육, 글로벌 교육, 온라인학습 시스템(e‑campus) 운영, 화상교육, 어학 자격증 취득 지원, 직무관련 도서 지원

오스템인플란트 본사 전경

기업 소개

직원들의 전문성을 높이기 위한 교육 프로그램 중 하나인 화상 세미나

오스템임플란트는 글로벌 22개 국가에 해외법인을 운영하고 70개 국 이상에 제품을 수출하고 있는 기업이다. 1997년 회사 설립 이후 매년 두 자리 수 이상의 고속 성장을 하고 있다. 특히 치과 임플란트 분야에서는 대한민국에서 독보적인 1위를 기록하고 있으며, 아시아·태평양 1위, 글로벌 5위를 차지하고 있다.

치과의사가 고객을 성공적으로 진료할 수 있도록 우수한 제품과 제반 서비스를 제공하고, 결과적으로 환자도 양질의 치료를 받을 수 있도록 하는 것이 오스템의 사명이다.

오스템은 연구개발을 중시하는 회사다. 임플란트, 뼈 과학, 의료장비, 정보시스템 분야에서 총 4개의 연구소를 운영하고 있으며, 각 분

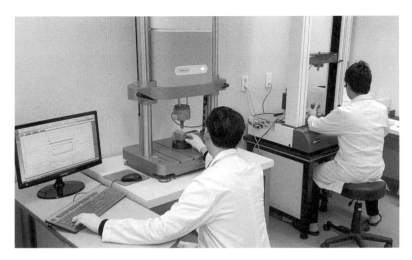

오스템인플란트 연구소 '오렌지타워' 내부

야에서 글로벌 경쟁력을 갖춘 제품을 만들고 있다. 임플란트 연구개발 및 생산기지인 부산의 '오렌지타워'는 연간 400만 세트의 임플란트를 만들어낼 수 있는 규모다. 이렇듯 첨단 품질관리 시스템 및 장비를 구축하고, 전문 계측장비를 통해 생산 단계별 품질관리를 진행하고 있다. 불량률을 0.01% 이하로 낮추는 것이 생산 목표다.

오스템은 의료기기, 치과재료 분야에서도 자체기술력으로 치과의사가 진료하는 데 필요한 모든 것을 한꺼번에 제공하고 있다. 특히 치과의 필수 장비인 치과용 의자 '유니트체어'의 경우 국내 판매량 1위에 올라 있으며 CT, 파노라마 등의 영상장비와 뼈이식재, 인상재, 미백제 등의 재료 분야에서도 우수한 제품을 만들고 있다.

치과 IT 분야에서는 국내 치과의 75%이 사용하고 있는 '보험청구 및 치과 운영관리 소프트웨어'도 개발 및 보급 중이다. 디지털 진료환경을 구축하기 위한 연구개발 활동도 꾸준히 진행하고 있다.

미자막으로 치과 임상교육 분야에서도 국내외에서 주목할 만한 성과를 만들어가고 있다. 오스템과 함께 임상연구와 공부를 하고 있는 치과의사는 국내외 누적 4만 명을 넘어섰다. 특히 해외에서 많은 치과의사가 오스템과 함께 임상연구를 진행하며, 임플란트를 대중화하는 데 긍정적인 영향을 미치고 있다.

현장의 목소리

임원 인터뷰 **최규옥 대표**

오스템임플란트는 앞선 기술과 우수한 품질의 제품으로 국내 치과 산업계에서의 1위를 넘어 글로벌 시장에서도 주목받고 있는 기업입니다. 회사가 계속 성장하고 있기 때문에 임직원 수를 지속적으로 늘릴 예정이며, 그만큼 좋은 인재가 많이 필요합니다.

저희 회사의 기업정신은 "좋은 것은 더 좋은 것의 적이다"입니다. '좋은 것'을 버려야 '더 좋은 것'을 취할 수 있다는 의미입니다. 이 기업정신은 사업현장 곳곳에서 지침으로서의 역할을 하며, 오스템의 인재상이기도 합니다. 작은 성취에 만족하고 안주하는 대신 더 좋은 것, 더 원대한 목표를 향해 도전하는 직원을 필요로 하고 있습니다.

글로벌 시장을 무대로 치과 산업의 최고 기업이 되기 위해 끊임없는 도전과 성장을 하고 있는 오스템임플란트가 여러분을 기다립니다. 최고를 향한 도전의 길에 열정을 쏟을 수 있는 진취적인 인재를 환영합니다.

직원 인터뷰 **박선미 과장**

치과 산업에 대한 이해가 없는 상태에서 입사해 잘 적응할 수 있을지 걱정도 많았지만, '인재경영'을 중시하는 조직 분위기 속에서 일하다 보니 어느새 저도 이 분야의 전문가로 불리게 되었습니다.

'2023년 세계 1위'를 목표로 전 구성원이 하나로 노력하고, 회사가 발전하는 모습을 직접 체감할 수 있다는 것이 오스템의 가장 큰 매력입니다. 날로 성장하는 회사의 일원이라는 사실이 큰 보람과 에너지를 줍니다.

캠시스

◆ ◆ ◆

CAMMSYS

기본정보

업종	매출	지역
제조업 반도체, 반도체장비 및 부품, LCD 장비 및 부품, 전기전자 및 부품 등	**4,223억 원**	**인천**

임직원수	근속연수	주소
3,054명 **(본사 248명)**	**평균 4.3년**	인천광역시 연수구 벤처로 100번기 26(송도동 11 - 82) 전화: 070 - 4860 - 4499

채용정보

홈페이지 www.cammsys.net

채용요건 고졸, 초대졸, 대졸, 석사 이상

채용분야 영업, 구매, 경영관리, 품질, 개발 등

채용전형 서류전형→실무진 면접→대표이사 및 임원진 면접

채용계획 수시채용

부가정보

복리후생 구내식당·기숙사 운영, 식사(조·중·석식) 제공, 경조휴가 및 경조금 지원, 휴양 및 숙박시설 제공, 사내 동호회 활동 지원, 선택적 복리후생 제도 운영

보상제도 장기근속 포상

경력개발 지원제도 신입사원 OT, 신규입사자 OT, 직무 및 계층별 교육

캠시스 본사 전경

기업 소개

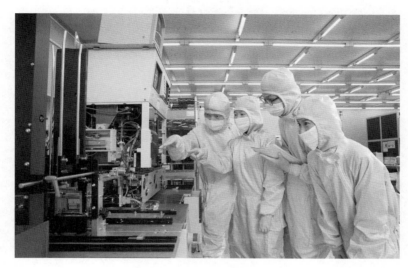

캠시스 공장 내부

  1993년 반도체 장비 제조업체 '선양테크'라는 이름으로 설립된 캠시스는 2001년 코스닥 시장에 상장됐다. 2003년에 휴대폰용 카메라 모듈 사업에 진출하여, 현재까지 연간 1억 개 이상의 카메라모듈 제품을 공급하고 있는 업계 선도기업이다.

  또한 글로벌 휴대폰 시장점유율이 매우 높은 삼성전자의 1차 협력사로서 두터운 협력관계를 유지하고 있다. 삼성전자 핵심 협력사단체인 '협성회'에 가입하여 활발히 활동 중이며, 2014년에는 캠시스의 협력사단체인 '상생회'를 발촉해 협력사들과 기술교류회, 혁신교류회 등의 소통하고 있다. 소통 중심의 동반성장을 실천하고 있는 것이다.

  국내외 법인을 합치면 현재 약 3,000여 명의 임직원들이 캠시스에

사내 멘토링 등으로 자유롭게 소통하는 캠시스의 기업문화

서 근무하고 있다. 또 국내외 연구소, 해외 생산법인인 중국의 선양수마과기유한공사와 삼우전자, 베트남의 캠시스 비나, 생체인식 보안 솔루션 기업 BEFS 등과 글로벌 네트워크를 형성하고 있다.

캠시스는 카메라모듈 부문에서 축적한 기술력을 바탕으로 자동차의 부품을 전자장비화시키는 전장분야에도 진출했다. 그 결과 미래 자동차 산업의 핵심이 되는 차량-IT융합제품 및 기술을 확보했다. 또한 다가오는 사물인터넷 시대에 발맞춰 생체인식보안 분야에 진출해 지문인식 및 시스템 보안기술을 이용한 다양한 제품들을 출시하고 있으며, 글로벌 메가트렌드인 전기자동차 사업에도 진출하여 글로벌 일류 기업으로 거듭나고 있다.

현장의 목소리

임원 인터뷰 박영태 대표

캠시스는 '사람이 사업의 성장을 이끄는 핵심'이라는 사람 중심 경영이념을 바탕으로 최고의 기술을 개발하고 품질을 높이고 있습니다. 또 지속적이고 내실 있는 성장을 이루고자 임직원 모두 한 마음 한 뜻으로 힘쓰고 있습니다.

직원들이 일하기 편한 일터 조성을 위해 다양한 복지제도를 운영하고 있으며, 개개인의 능력을 펼칠 수 있도록 사내외 교육제도를 활발하게 운영하고 있습니다. 또한 간담회 등 소통의 장을 마련하여 현장의 생생한 의견을 들으려 노력합니다. 마지막으로 개개인부터 조직 전체까지, 업무에서 다양한 혁신활동을 장려하고 있습니다.

'고객 중심', '원칙 중심', '혁신 중심', '도전 중심', '소통 중심'이라는 핵심가치의 실천을 통해 끊임없이 발전하는 기업, 캠시스와 함께해주시기 바랍니다.

직원 인터뷰 이채은 사원

입사 전에 떠오르던 이미지와는 달리 실제로 겪어본 캠시스는 '강하지만 동시에 부드러운' 기업입니다. 빠른 추진력에서 강함과 진취성이 느껴진다면, 사내문화에서는 부드러움이 느껴집니다.

신입사원의 눈으로 바라본 캠시스는 늘 다양한 시도와 변화로 항상 새로운 도전을 하는 혁신적인 회사입니다. 직원들 역시 소통의 분위기 속에서 각자의 업무에 매진하며, 서로를 따뜻히 배려합니다.

또한 다양한 사내외 교육 프로그램과 선배님들의 적극적인 멘토링을 통해 저는 한 단계 한 단계 계속 성장하고 있습니다. 소통과 혁신으로 끊임없이 발전하는 기업, 캠시스와 함께 여러분의 꿈을 현실로 만들어 보시기 바랍니다.

코나아이

* * *

Kona

기본정보

업종	매출	지역
제조업, 서비스 스마트카드, 핀테크 플랫폼 등	**2,167억 원**	**서울**

임직원수	근속연수	주소
190명	**평균 4년**	서울특별시 영등포구 은행로 30(여의도동, 중소기업 중앙회) 본관 6층 전화: 02 - 2168 - 7500

채용정보

홈페이지 www.konai.co.kr
채용요건 대졸
채용분야 경영지원부, 사업부, 연구개발 등
채용전형 서류전형→면접
채용계획 상시채용, 정기채용

부가정보

복리후생 휴게실 운영, 식사 제공(조·석식), 건강검진, 자녀교육비 지원, 연장근로수당 지급, 교통비 지급. 병역지정업체, 경조사비 지급, 경조 휴가 및 상조, 별도 출장비 지급, 생일선물 제공, 사내 동호회 지원

보상제도 우수사원 포상, 우수제안 포상, 인재추천 포상, 장기근속 포상, 인센티브

경력개발 지원제도 신입사원 OT, 교육비 및 대학원 진학보조, 자체 내부교육 프로그램 운영, 외부교육 지원, 사내 스터디그룹 운영, 도서구입비 지원

코나아이 사무실 내부 휴식공간

기업 소개

정기적으로 이뤄지는 코나아이 직원들의 '아름답코나' 봉사활동

코나아이는 1998년 KEBT라는 이름의 벤처기업으로 설립됐으며 전자화폐, 교통카드 시스템을 개발하고 판매하며 성장했다. 교통카드 시스템은 부산을 시작으로 경남·경북·전라·강원·충청·경기권까지 진입해 전국적인 판로를 확보했으며, 서울 마을버스 단말기 시스템에도 자체 프로그램을 보급하는 등 국내 시장을 선점했다. 현재 국내 시내버스와 광역버스 등 모든 교통카드 시스템은 코나아이의 기술로 움직인다고 해도 과언이 아니다.

2001년, 코스닥에 상장된 후에는 카드에 부착되는 칩 운영시스템 OS 제공업체로 사업 영역을 넓혔다. 신용카드나 체크카드에 장착된 노란색 칩에는 카드 사용에 관한 애플리케이션·메모리·램·CPU 등이 모두 포함돼 있다. 그리고 스마트카드란 CPU, 운영시스템, 보안모듈, 메모리 등이 모두 갖춰져 있어 여러 가지 작업을 처리할 수 있는 집적회로 칩이 부착된 전자식 카드를 말한다.

코나아이는 이런 칩에 삽입된 프로그램들을 작동시키는 운영시스템을 개발하고 '코나'라는 이름을 붙였다. 2004년에 이 운영시스템이 출시되자, 해외 운영시스템을 수입해서 사용하던 국내 카드사들로부터 폭발적인 인기를 얻었다. 국내에서 순수기술로 개발한 최초의 운영시스템인 데다가 해외 기술에 비해 가격경쟁력도 뛰어났기 때문이다.

이어 자바$_{JAVA}$ 기반의 개방형 칩 운영체계$_{COS}$ 개발업체로 변신해 국내 최고의 스마트카드 토털솔루션 제공업체로 자리매김했다. 이를 활용해 금융 IC카드, 이동 통신용 범용가입자인증모듈$_{USIM}$, 후불 하이패스카드, 전자보건증, 전자여권, 전자주민증, 스마트카드 발급을 위한 관리시스템 등 스마트카드 산업 전반에 관련된 사업을 하고 있다.

스마트카드 개발 노하우를 바탕으로, 핀테크 플랫폼인 코나 결제플랫폼$_{KONA\ Payment\ Platform}$을 출시하고 베트남, 중국 등에 수출하기도 했다. 그 외에 사물인터넷 기술개발 등에도 박차를 가하고 있다.

코나아이는 최근 10년간 매출액과 영업이익이 꾸준하게 성장해왔다. 이를 바탕으로 '월드클래스 300 기업', '글로벌전문 후보기업', '세계일류상품 기업'에 선정되는 등 대외적으로도 인정받고 있다.

현장의 목소리

임원 인터뷰 조정일 대표이사

저희 회사는 중국, 미국, 러시아, 동남아시아, 이란 등 세계 80여 개국에 스마트카드와 핀테크 플랫폼을 제공하고 있습니다. 국내 시장점유율 1위, 세계 시장점유율 4위를 차지하고 있으며, 세계 3위 안에 드는 것을 목표로 하고 있습니다.

코나아이는 인재를 채용할 때 그 사람의 학벌, 성별, 전공을 따지지 않습니다. '변화에 적응할 수 있는 창의력을 가지고 있는가', '당장 눈앞에 있는 이득만 챙기는 대신 희생정신이 있는가'를 최우선으로 봅니다. 즉 '세계 시장에서 살아남을 수 있는 글로벌 정신이 있는가'를 중요하게 생각합니다. 일한 만큼 보상이 주어지는 곳, 코나아이는 여러분의 도전을 기다리고 있습니다.

직원 인터뷰 신형순 대리

코나아이는 업계 선두주자라는 사명감과 그에 맞는 열정이 있는 회사입니다. IT회사답게 모든 게 열려있습니다. 직급, 경력에 연연하지 않고 모두에게 동등한 기회가 주어지기 때문에 업무만족도가 상당히 높은 편입니다.

중견기업임에도 불구하고 높은 연봉체계와 인센티브 제공하며, 변화가 빠른 IT 기업답게 주기적으로 트렌드 및 인사이트 교육을 실시합니다. 신사업을 제안할 경우 제도적으로 보상도 해줍니다.

경제전망이 밝지 않은 요즘이지만, 저희 회사는 지금도 더 큰 미래에 투자하고 있습니다. 회사가 가고자 하는 방향이 확실하니 임직원의 응집력도 상당히 강합니다. 그만큼 업무를 주도적으로 진행할 기회도 많고, 좋은 결과물도 많이 나와 높은 성취감을 느낄 수 있습니다.

한솔인티큐브

◆ ◆ ◆

:Hansol

기본정보

업종

정보통신서비스

IT솔루션 등

매출

700억 원

지역

서울

임직원수

250명

근속연수

평균 7년

주소

서울특별시 마포구 월드컵
북로 396 누리꿈스퀘어

전화: 02 - 6005 - 3000

채용정보

홈페이지 www.hansolinticube.com

채용요건 초대졸, 대졸

채용분야 운영, 소프트웨어 개발 등

채용전형 서류전형→면접

채용계획 수시채용

부가정보

복리후생 자녀 어린이집 운영, 건강검진, 자녀학자금 지원, 의료비 지원, 경조금 지원, 기념일 선물 증정, 사내 동호회 지원

보상제도 우수사원 포상, 우수제안 포상, 장기근속 포상, 인센티브

경력개발 지원제도 신입사원 OJT, 리더십 교육, 직무능력 향상교육, 고급개발자 위탁교육, 사내 스터디그룹 운영, 도서구입비 지원

한솔인티큐브 사무실과 직원들

기업 소개

임직원 가족 초청 행사 'H-Day' 이벤트 중 하나인 대표와의 만남

한솔인티큐브는 다양한 경로로 고객과의 상담 업무를 가능하게 하는 컨택센터Contact center, 고객관계관리CRM프로그램, 무선인터넷솔루션 등을 개발하는 회사다. 2013년 농수산홈쇼핑에 차세대 소프트웨어를 납품했고, GS홈쇼핑 콜센터와 롯데홈쇼핑 서울센터를 구축했다. SK MnC 당산센터 이사에 따른 시스템 이전과 AIA생명 이주 Migration 프로젝트, 한국전력공사 IPT 3차확대사업 구축에 참여하기도 했다.

2014년에는 GS홈쇼핑 신사옥의 무선랜 시스템을 구축했고 KB카드와 KB금융콜센터 고도화사업, KB금융 UC구축사업, 현대홈쇼핑 인프라고도화 구축사업, 신한카드 인프라 고도화사업도 진행했다. 2015년에는 KB금융 서버 운영체제 전환 2차 구축사업, 하나카드 콜센터 시스템 고도화 구축사업, NS홈쇼핑 통합로그 관리시스템 구축사업, NS홈쇼핑 BAQ비즈니스 태도지수 구축사업 등에 참가했다.

이렇듯 한솔인티큐브는 다양한 기업들과의 제휴를 통해 대한민국 사회의 IT고도화를 재촉하며, 그 규모를 계속해서 늘려가고 있다.

또 '직원 만족도가 최고'인 회사를 지향하며, 임직원들이 느끼는 삶의 질을 향상시키기 위해 다양한 복리후생 제도를 운영하고 있다. 우선 생활 안정을 위해 의료보험과 별도로 임직원 본인과 배우자, 자녀의 의료비를 지원 중이다.

취학 전 자녀를 포함해 유치원생, 중·고·대학생 자녀에게도 학자금을 지원하며, 임직원 어린이집도 운영한다. 모성보호를 위해 산전·후 휴가 3개월을 보장하고, 만 4세 미만 자녀를 양육하는 여직원에게 최장 3년 육아휴직을 보장한다. 장기근속 시 휴가를 주고, 포상금이나 여행상품권도 제공한다.

현장의 목소리

임원 인터뷰 유화석 대표

한솔인티큐브의 이념은 차별화를 통한 경쟁우위를 확보해 최대가치를 구현하며, 고객과 함께 지속적으로 성장하는 것입니다.

따라서 저희 회사가 원하는 인재상은 다음과 같은 역량을 갖춘 사람입니다. 각각 조직의 지속성장을 창출하기 위해 전략적으로 확보해야 할 역량인 '성장', 내외부 조직 혹은 사람들과 함께 시너지를 내기 위해 갖추어야 할 역량인 '개방', 인적 경쟁력 강화 및 잠재력 발휘를 위해 갖추고 실천해야 할 역량인 '인재', 전략과 연계된 성과 창출 활동을 효과적으로 실행하는 데 요구되는 역량인 '실행'입니다.

직원 인터뷰 김태균 사원

저는 현재 한솔그룹의 각 계열사에 IT 아웃소싱서비스를 제공하는 사업부에서 일하고 있습니다. 제조, 건설, 물류, 레저 등 다양한 전문 기술을 바탕으로 서비스를 제공합니다.

회사에 신입사원으로 입사했을 때는 누구나 다 그렇듯이 힘들고 어려운 점들이 많았습니다. 하지만 부족한 점을 채우기 위해 노력했고, 회사에서도 신입사원을 위한 많은 지원을 받을 수 있었습니다. 선배님들의 끊임없는 독려와 관심도 회사 적응에 많은 도움이 됐습니다.

이렇듯 계속해서 발전하고 싶다는 의지와 열정만 가지고 계신다면, 한솔은 여러분이 가지고 있는 역량과 능력을 충분히 이끌어낼 수 있는 회사입니다. 회사와 함께 동반성장하고 싶은 분들을 기다립니다.

#3
IT·바이오

휴온스

◆◆◆

hu 휴온스

기본정보

업종

완제의약품, 제조업

전문의약품, 일반의약품,
의료기기, 필러 등

매출

2,151억 원

지역

**경기 성남,
충북 제천**

임직원수

590명

근속연수

평균 4.1년

주소

경기도 성남시 분당구
판교로253 C동 901호

전화: 070 - 7492 - 5002

채용정보

홈페이지 www.huons.com

채용요건 대졸

채용분야 임상연구팀, 홍보, IR 등

채용전형 서류전형→면접

채용계획 미정

부가정보

복리후생 통근버스·기숙사 운영(제천공장), 건강검진, 자녀학자금 및 보육비 지원, 각종 경조사 지원, 통신비 지원, 단체해상보험 가입, 우리사주조합 운영, 기념일 축하선물(본인, 배우자, 자녀, 부모, 장인장모, 시부모 생일) 제공, 입사자 축하꽃다발 제공, 사회 봉사활동 지원, 사내 동호회 지원

보상제도 장기근속 포상

경력개발 지원제도 직급별 리더십 교육, 직무능력향상을 위한 사외 위탁교육, 해외연수, 매월 자기계발비 지원

휴온스 공장 전경

기업 소개

기부를 통한 휴온스의 사회공헌활동

1965년 광명약품공업사로 출범한 휴온스는 토털 헬스케어 그룹을 표방하며 전문의약품, 웰빙의약품, 의료기기, 수탁, 수출, 화장품 등 다양한 포트폴리오를 구축하고, 시장 변화에 선제적으로 대응하고 있다.

시시각각 변하는 정부 정책과 시장 상황을 예측하는 시나리오 경영을 통해 소비자들이 필요로 하는 제품을 누구보다 빠르고 안전하게 공급하는 것에 중점을 두고 있다. 또한 향후 고객들의 수요가 생길 제품을 예측하여 미리 시장을 형성한다.

웰빙의약품으로는 마늘주사, 메가도스 비타민C주사 등이 있다. 의료기기로는 히알루론산 필러 '엘라비에'가 있으며, 피부 속에 약물을 전달하는 자동약물주입기 '더마샤인'과 '더마샤인 밸런스'의 매출도 증가 추세다.

국내에 이렇게 다양한 포트폴리오를 구성하고 있는 회사는 매우 적다. 휴온스는 이런 다양한 경쟁력을 기반으로, 고기능성 화장품이나 보톡스 제품을 개발하는 등 끊임없이 노력 중이다.

휴온스는 2015년 11월 지주사로 전환되며 기업지배구조가 투명해지고 경영안정성이 증대되었다. 이는 연매출 1조 원이라는 목표를 달성하는데 원동력이 될 것이다.

또한 명실상부한 글로벌 헬스케어 그룹으로 성장하는 것을 목표로 경영전반에 국제 기준을 추구하는 등 각종 리스크관리도 하고 있다. 회사의 경영관리 활동과 통합적으로 연계되는 GRC_{Governance,} _{Risk&Compliance} 매니지먼트 체제를 통해 세계 시장을 주도하는 기업이 될 계획이다.

인터뷰

임원 인터뷰 윤성태 부회장

휴온스의 경영이념은 '품질을 보증하는 회사', '직원 간의 신뢰가 있는 회사', '고객을 감동시키는 회사'입니다. 비전은 인류 건강을 위한 의학적 해결책을 제시하는 것입니다. 이를 통해 휴온스는 '2020년 매출 1조 원 달성, 업계 10위 진입'을 목표로 하고 있습니다.

회사와 직원이 함께 성장하기를 바라며, 저희 회사는 3P, 즉 열정(Passion)과 긍정(Positive)하는 마음을 갖추고 주도적으로 행동(Proactive)하는 인재를 찾고 있습니다.

직원 인터뷰 이선영 사원

저는 국내외에서 회사의 매출 증진에 도움이 될 만한 품목을 찾고, 이 품목을 실제로 도입하기 위한 제품 분석 및 검토, 관련 업체와 미팅을 진행하는 업무를 맡고 있습니다. 상호 협력을 위한 계약서를 검토하다 보면 제 자신이 실질적으로 회사에 기여하고 있는 부분들을 직접 확인할 수 있기 때문에 업무성취도가 매우 높습니다.

휴온스는 일과 삶의 균형을 존중하는 회사입니다. 매년 생일 때마다 집으로 꽃바구니가 배달되고, 부모님 생신 때도 깜짝 선물이 배송됩니다. 직원들의 문화생활을 지원하는 자기계발비가 매월 지급되고, 구내식당에서는 매일 다양한 식단을 제공합니다. 직원들이 몸과 마음의 건강을 유지할 수 있도록 돕는 건강한 삶의 터전입니다.

제약회사이라고 하면 무조건 약대 출신이거나 토익 점수와 자격증, 학점 등의 스펙이 높아야 한다고 생각하는 경향이 있습니다. 그러나 회사에서는 사실 무조건 뛰어난 사람보다 함께 일해보고 싶은 사람을 뽑는다는 점을 기억하면 좋을 것 같습니다.

#4

삶을 더 풍요롭고 아름답게

제지/화장품/주방용품/교육/피아노

깨끗한나라

◆ ◆ ◆

깨끗한나라

기본정보

업종 **제조업** 백판지 등 기타 지류, 생활용품 등	**매출** **6,772억 원**	**지역** **서울,** **충북 청주**
임직원수 **630명**	**근속연수** **평균 13.3년**	**주소** 서울특별시 중구 삼일대로 6길 5 전화: 02 - 2270 - 9200

채용정보

홈페이지 www.kleannara.co.kr
채용요건 대졸
채용분야 영업, 생산, 연구개발 등
채용전형 서류전형→면접
채용계획 수시채용

부가정보

복리후생 구내식당·통근버스·휴게실 운영, 건강검진, 유류비 지원, 직원 대출, 생일·명절선물 지급, 근무복 지급, 사내 동호회 지원

보상제도 우수사원 포상, 우수제안 포상, 장기근속 포상, 인재추천 포상, 공로상, 모범상, 인센티브

경력개발 지원제도 신입사원 OJT, 리더십교육, 직무능력 향상교육, 고급개발자 위탁교육

깨끗한나라 공장 전경

기업 소개

깨끗한 나라의 사내 동호회 활동 중 하나인 환경보호 봉사활동

깨끗한나라는 산업용 포장재로 사용되는 백판지와 종이컵 원지를 중심으로 하는 제지사업과 두루마리 화장지류, 미용티슈류, 기저귀류, 생리대류 등을 제조하고 판매하는 생활용품 사업을 영위하고 있다.

'깨끗하고 건강한 생활문화 창출을 통해 고객과 함께 성장하는 기업'이라는 비전 아래, 깨끗한나라는 1966년 창립 후 50여 년간 국내 제지산업 성장에 크게 이바지했다. 또한 신제품 개발을 위한 설비투자와 수출 확대에 힘쓰는 등 미래 성장동력 발굴을 위해서도 끊임없는 변화와 혁신을 실현하고 있다.

산업용 포장산업이 전반적으로 다양화, 소량화되는 추세에도 깨끗한나라는 수출지역 다변화를 통한 수익성 개선과 고부가 신제품 개발을 추진하며 시장점유율을 계속해서 확대하고 있다. 또한 연구개발 비용을 연평균 7.5%씩 늘리고, 품질기술 전문인력을 양성하는 등 품질 개선에도 주력하고 있다.

깨끗한나라에서 생활용품 사업의 비중은 지난 2011년부터 지속적으로 증가해 2014년에는 전체 매출의 52%를 차지하게 됐다. 적극적인 신규투자 및 신제품 개발 등을 통해 브랜드 파워를 강화한 결과로, 기업의 새로운 성장동력이 되었다고 평가된다.

휴지 '깨끗한나라', 순수 국내 기술로 만들어진 국내 최초의 아기 기저귀 '보솜이', 국내 여성용품 최초로 미국 '코튼마크'를 취득한 100% 자연순면커버 생리대 '릴리안', 성인용 기저귀 '봄날' 등 다양한 제품 라인업으로 시장점유율을 계속해서 늘려가는 추세다.

또한 우수한 품질을 인정받아 2013년부터 중화권으로의 수출을 시작하는 등 사업 영역을 확장 중이다.

현장의 목소리

임원 인터뷰 최병민 회장

깨끗한나라는 지난 50여 년 동안 국내 제지산업 성장에 크게 이바지해왔습니다. 임직원 모두가 하나 되어 어려움을 이겨낸 결실입니다. 깨끗한나라는 새로운 50년을 위해, 투자 확대와 연구개발 강화, 해외 신시장 개척을 최우선 전략과제로 하고 있습니다. 그리고 이를 위해 품질기술 전문 인력을 활발히 양성할 예정입니다.

깨끗한나라의 인재상은 '고객의 행복과 성장을 최고의 목표로 추구하는 인재'로, '고객만족', '변화혁신', '주인의식', '열정'이 핵심 가치입니다. 기본에 충실하고, 열정이 뛰어나며, 창의적 사고로 끊임없이 혁신하는 사람에게 깨끗한나라는 함께 성장할 수 있는 터전이 될 것입니다.

직원 인터뷰 장재혁 주임

저는 채권관리 및 영업지원 업무를 담당하고 있습니다. 회사 규정과 거래처와 협의된 결제조건을 면밀히 검토하여, 대금 연체나 부실채권이 발생하지 않게 관리하는 업무입니다. 회사의 실질적인 결제 내용을 관리한다는 점에서 자부심이 큽니다.

깨끗한나라는 자랑스러운 토종자본 기업입니다. 주요 경쟁사 중에는 해외 대기업과 다국적 기업과의 업무제휴 혹은 자본합작을 통한 기업들이 많습니다. 깨끗한나라에서 창출하는 가치는 다시 고객들에게 돌아간다고 해도 과언이 아닙니다.

이른바 '요람에서 무덤까지' 모든 국민들에게 필요한 생활용품을 자체생산하는 제조회사라는 점이 저희 회사의 큰 장점이라고 생각합니다.

락앤락

기본정보

업종	매출	지역
제조업 저장용품, 아웃도어용품, 주방용품, 리빙용품, 조리용품 등	**4,070억 원**	**서울, 충남 아산, 경기 안성**

임직원수	근속연수	주소
4,456명 (국내 397명)	**평균 5.1년**	서울특별시 서초구 서초대로 46길 25 락앤락빌딩 전화: 02 - 520 - 9567

채용정보

홈페이지 www.locknlock.com

채용요건 고졸, 대졸

채용분야 홈쇼핑 영업, 인테리어 디자인, 그래픽 디자이너, 고객상담, 상품개발 등

채용전형 서류전형→실무 면접→최종 면접

채용계획 수시채용

부가정보

복리후생 사내 어린이집 운영, 건강검진, 자녀학자금 지원, 경조사 지원, 체력단련비 지원, 생일·명절 선물 지급, 임직원 단합대회, 자사 건강보조식품 제품 할인, 휴양시설 지원, 사내 동호회 운영

보상제도 우수사원 포상, 우수제안 포상, 장기근속 포상, 인센티브

경력개발 지원제도 신입사원 OJT, 리더십 강화 교육, 온·오프라인 직무·어학향상 교육, 사이버 연수원 운영, 자기계발비 지원, 도서구입비 지원

락앤락 임직원 호프데이

기업 소개

락앤락 본사 전경

　락앤락은 1978년 설립 이후 신개념 4면 결착 밀폐용기 '락앤락' 등 혁신적인 기능을 갖춘 주방생활용품을 개발했고, 이 제품을 전 세계 110여 개국에 수출하는 글로벌 기업으로 성장했다.

　락앤락은 플라스틱 소재 제품 외에 도자기나 유리, 스테인레스 등 다양한 소재의 제품으로 제품군을 확장해나가는 것은 물론, 밀폐용기 전문 브랜드에서 주방 생활용품 토털브랜드로 그 영역을 확대해나가고 있다.

　예를 들어 트라이탄이라는 플라스틱 신소재를 활용한 '비스프리' 브랜드를 성공적으로 선보였다. 또한 밀폐용기부터 주방조리용품,

유아식기, 수납정리함, 욕실용품 등으로 영역을 확장하고 있다.

소비자 욕구에 발맞춰 매출의 상당 부분을 연구개발에 투자, 연간 700여 가지 이상의 신제품을 생산하고 있다. 현재 85개국에서 1,533건의 특허와 상표, 의장을 획득하기도 했다.

2015년 상반기에 국내와 중국을 비롯한 해외법인들의 구조조정이 마무리됨에 따라 락앤락의 2015년 하반기 영업이익은 크게 개선됐다. 연결재무제표 기준, 영업이익은 353억 원으로 전년 대비 29.3% 증가한 수치다. 특히 2015년 4분기 영업이익은 132억 원으로 전년 대비 88.8% 증가했으며, 같은 기간 당기순이익은 38억 3.600만 원으로 373.4%나 증가했다. 이 같은 성과는 체질개선과 함께 중국 내수 매출 증가, 한국에서의 수출 증가 등 덕분으로 풀이된다.

이후 주력제품을 추가하고 면세점 같은 신규 판매채널을 강화하며 국내 내수 시장 공략을 강화할 계획이다. 또 중국 시장 내에서도 성장 기대감이 큰 온라인 시장에 주력함으로써 해외 진출을 도모할 예정이다.

현장의 목소리

임원 인터뷰 김준일 회장

락앤락은 1978년 창립 이래 '환경과 사람을 생각하는 기업'이라는 경영이념을 근간으로 하고 있습니다. 소비자의 건강과 안전, 그리고 먹거리에 대한 불안을 식기에서부터 완벽하게 차단하고자 친환경적인 소재를 사용한 제품 개발에 지속적으로 노력을 기울이고 있습니다.

또한 락앤락은 전 세계 116개국에 수출을 하고 있는 명실상부한 글로벌 기업입니다. 세계를 향해 거침없이 뻗어가는 회사 분위기만큼 '열정'과 '도전의식', 그리고 편견 없는 '혁신'의 정신을 가진 인재상을 추구합니다. '나무보다는 숲을 볼 줄 아는 혜안으로 회사와 함께 성장해나갈 수 있는 인재'를 높이 평가하며, 언제나 '정직하고 신의를 지키는 인재', '능동적이고 적극적인 사고방식으로 변화에 적응하고 실천하는 인재'를 찾고 있습니다.

직원 인터뷰 김호재 사원

락앤락에서의 저의 업무는 홈쇼핑 영업입니다. 영업뿐 아니라 상품 기획, 인서트 촬영 등 방송에 필요한 폭넓은 경험을 할 수 있고, 최신 트렌드를 따라야 하며, 홍보·마케팅팀이나 상품개발팀 등 유관 부서와의 협업도 많이 이뤄지는 부서입니다. 해외법인과 협조해 일을 진행할 때면 '내가 정말 글로벌한 기업에서 일하고 있구나!'라고 느낍니다.

또 저희 회사에서는 온·오프라인을 통해 외국어와 직무 교육을 자유롭게 수강할 수 있으며, 매월 체력단련비를 비롯한 지원제도가 잘 마련되어 있습니다. 마지막으로 신입사원임에도 업무에 있어서만큼은 저를 한 명의 담당자로 인정해주고, 사소한 아이디어에도 귀 기울여 주는 분위기 덕분에 회사에 대한 애정과 자부심을 더욱 큽니다.

무림P&P

• • •

MOORIM
무림P&P

기본정보

업종	매출	지역
제조업	**6,285억 원**	**서울, 경남 울산**
표백화학펄프, 인쇄용지, 조림 등		

임직원수	근속연수	주소
650명	**평균 13년**	서울특별시 강남구 강남대로 656
		전화: 02.3485.1500

채용정보

홈페이지 www.moorimpnp.co.kr
채용요건 고졸, 대졸
채용분야 영업, 생산, 품질, 연구개발 등
채용전형 서류전형→인/적성검사→실무/토론면접→임원면접→건강검진
채용계획 정기채용(하반기), 수시채용

부가정보

복리후생 사택·사내 휴게공간·옥상 정원 운영, 건강검진, 주택자금대출, 자녀학자금 지원, 생활안정자금, 경조사비 지원, 경조휴가, 콘도미니엄 이용 지원, 사내 동호회 지원

보상제도 우수사원 포상, 우수제안 포상, 장기근속 포상, 인센티브

경력개발 지원제도 신입사원 OJT, 직급·직책별 교육, 리더십 교육, 직무능력 향상교육, 글로벌역량 향상교육, 통합교육지원 시스템, 국내외 MBA 지원, 해외연수 등

무림P&P 공장 전경

#4 문화·생활용품

기업 소개

무림P&P 공장 내부

　무림은 1956년에 제지사업을 시작, 국내 최초로 백상지 대량 생산에 성공한 국내 대표 제지기업이다. 무림은 산업용 인쇄용지 전문기업 '무림페이퍼', 고부가가치 특수지 전문기업 '무림SP', 그리고 국내 유일의 펄프-제지 일관화 시스템으로 종이 생산의 패러다임을 바꾼 '무림P&P'로 각각 특화된다.

　특히 2011년에 준공한 무림P&P 일관화공장은 국내에서 최초이자 유일하게 펄프와 종이를 모두 생산하고 있다. 월등한 원가경쟁력은 물론 차별화된 품질경쟁력과 환경경쟁력까지 보유하고 있어 국내 제지업계 중에서도 매우 경쟁력 있는 기업으로 평가되고 있다.

　무림P&P는 2013년 국내 제지업계 최초로 탄소 감축이 월등한 제품에만 부여하는 '저탄소제품 인증'을 획득하며 독보적인 친환경성을 인정받았다. 또 세계적으로 권위 있는 FSC세계산림관리협의회로부터 친환경인증을 획득하며 제지산업의 그린경영을 선도하고 있다.

또한 무림P&P는 숲을 조성하는 조림 사업을 추진해, 종이의 원료인 목재를 직접 순환경작하고 있다. 현재 인도네시아에 서울특별시 면적에 달하는 65,000헥타르의 대규모 해외조림을 진행하고 있으며, 강원도 인제에도 국내 최대의 자작나무 숲을 조성 중이다. 이 같은 조림 사업은 안정적으로 원료 수급을 할 수 있을 뿐 아니라 나무가 성장하는 동안 이산화탄소를 흡수하므로 지구 온난화 현상 방지에 기여할 수 있다는 데서 시작됐다.

또한 펄프 부산물인 흑액에서 추출한 신소재로 새로운 부가가치를 창출하고자 국내외 대학 및 연구단체와 다양한 연구개발에 힘쓰고 있으며, 다른 신규사업에도 박차를 가하고 있다.

현장의 목소리

임원 인터뷰 김석만 대표

무림P&P는 국내의 대표 펄프 - 제지기업으로 지난 1956년 설립 이후 한국의 종이 역사를 선도해왔습니다. '종이로 인류의 문화를 풍요롭게 한다'는 이념하에 끊임 없는 도전정신과 연구개발로 무한가능성을 실현시키고 있습니다.

오랜 노하우와 첨단 기술을 통해 많은 특허를 획득한 것 은 물론, 차별화된 시스템으로 친환경 저탄소 종이를 전 세계 105개국으로 수출하는 '종이한류'의 주역이기도 합니다. 이러한 무림과 함께할, 도전과 혁신, 그리고 미래지 향적 사고와 프로정신을 가진 인재를 기다립니다.

직원 인터뷰 김재우 사원

무림의 사훈은 '건강한 욕심을 갖자'입니다. 이러한 가치를 기반 으로 한 기업문화에는 상호존중과 배려, 소통과 유연함이 내재 되어 있습니다. 또 오랜 시간 제지업계를 선도해온 선배들의 전 문성과 프로정신은 신입사원인 제게 매 순간 큰 자부심과 가르 침을 줍니다.

2016년으로 창립 60주년을 맞은 저희 회사는 차별화된 경쟁력을 바탕으로 더 푸른 미래를 그리고자 모든 임직원들이 불철주야 노력하고 있습니다. 무림과 함께 새로 운 60년을 만들어나가지 않으시겠습니까?

시공교육

◆ ◆ ◆

SIGONG education

기본정보

#4

문화 · 생활용품

업종	매출	지역
출판, 서비스 디지털 교육콘텐츠 등	**508억 원**	**서울**

임직원수	근속연수	주소
160명	**평균 7.8년**	서울특별시 강남구 영동대로 106길 23 1 - 3층 전화 : 02 - 3445 - 0910

채용정보

채용요건 제한 없음

채용분야 마케팅, 경영일반, 물류, 고객상담, 컨텐츠 제작, 교육, 학습프로그램 연구개발 등

채용전형 서류전형→면접

채용계획 수시채용

부가정보

복리후생 휴게실·사내 독서실 운영, 식사 제공, 경조비 지원, 교통비 지원, 유류비 지원, 통신비 지원, 칭찬릴레이 제도 시행, 명절·생일선물 지급, 건강보조제 제공, 사내 워크샵 및 체육대회, 사내 동호회 운영

보상제도 우수사원 포상, 우수제안 포상, 장기근속 포상, 인재추천 포상, 공로상, 모범상, 인센티브

경력개발 지원제도 신입사원 OJT, 리더십 교육, 사내 강사제도, 사내 스터디그룹 지원, 외부명사 초청, 해외박람회 참석, 학위취득 비용 지원, 자기계발비 지원

시공교육 사무실 입구

기업 소개

시공교육은 세계 최초로 IT기반의 초등 가정학습 프로그램인 '아이스크림 홈런Home-Learn'을 만들고 제공하는 교육 전문기업이다. 이 프로그램은 전국 초등학교에서 실제 선생님들이 수업과 평가에 활용하고 있는 '아이스크림i-Scream' 프로그램을 기반으로 하여 300만 건 이상의 동영상, 사진, 애니메이션을 제공하는 멀티미디어 기반의 토털 학습솔루션이다. 3년 만에 5만 명이 유료회원으로 가입할 정도로 매년 성장을 거듭하고 있다.

가정용 학습의 대표 주자였던 종이학습지 대신 태블릿PC를 통한 홈 러닝 서비스가 잇따라 출시되고 있다. 이런 교육시장의 변화를 주도한 것이 바로 시공교육이다. 지금은 국내 시장을 넘어 해외 진출을

미래창조과학부 주최 대한민국 인터넷대상 '국무총리상' 수상

위해서도 활발히 움직이고 있다. 2016년 초에는 중동 6개국에 아이스크림 홈런 수출 업무협약을 체결했으며 미국, 유럽 등 해외 유수의 교육기업으로부터 꾸준히 러브콜을 받고 있다.

한국을 넘어, 전 세계 디지털 교육 시장을 이끌어갈 시공교육은 자기주도학습 능력을 지닌 국가 인재 양성과 인성과 창의성이 겸비된 글로벌 인재 육성을 추구한다. 또한 끊임없는 도전으로 새로운 시장을 선도하고자 하는 기업의 철학에 따라 현실에 안주하지 않고 자신의 한계를 이겨내며 성장하고자 하는 인재를 위해 지원도 아끼지 않고 있다.

현장의 목소리

임원 인터뷰 박기석 회장

세계 최초로 가정용 학습 프로그램 '아이스크림 홈런'을 선
보인 시공교육은 국내 초등교육 1위를 넘어 디지털교육
분야의 글로벌 리더가 되었습니다.

이제는 중국 등 아시아 시장은 물론 미국, 유럽, 중동 등 다
양한 국가의 우수한 기업과 전략적 제휴를 맺고, 세계적인
교육 플랫폼을 구축함으로써 명실상부한 최고의 교육전문
기업으로 성장하고 있습니다.

끊임없는 도전과 성장의 역사를 써온 우리 시공교육의 문은 항상 열려있습니다. 세계
로 뻗어나가는 시공교육에서 성장의 원동력이 될 창의적이고 능력 있는 인재들을 기다
리겠습니다.

직원 인터뷰 서종훈 과장

무엇이든 도전해보는 열정과 직원 간 소통이 활발한 기업문화가
시공교육을 선택해야 하는 이유인 것 같습니다.

신입사원이나 실무자급도 아이디어를 낼 수 있는 기회가 다양하
고, 실제로 업무에 즉각 반영되는 경우가 많습니다. 임원들이 직
원들의 고충을 적극적으로 듣고, 개선하고자 노력하는 것도 우리 회사의 자랑거리라
고 자신합니다.

또한 탄탄한 재무구조와 직원 역량 개발을 위한 지속적인 투자 등으로 미래가 더욱
기대되는 회사입니다. 성장과 도전, 두 가지를 시공교육과 함께 성취해보시죠.

#4 ─ 문화·생활용품

영창뮤직

◆ ◆ ◆

HDC 영창뮤직

기본정보

업종	**매출**	**지역**
제조업, 유통업	**600억 원**	**인천**
피아노, 디지털제품 등		

임직원수	**근속연수**	**주소**
1,000명	**평균 11년**	인천광역시 서구 봉수대로 196
		전화: 032 - 570 - 1000

채용정보

홈페이지 www.ycpiano.co.kr
채용요건 고졸, 대졸
채용분야 영업, 생산, 연구개발 등
채용전형 서류전형→면접
채용계획 수시채용

부가정보

복리후생 구내식당·휴게실 운영, 자녀학자금 지급, 식비 제공, 출장유류비 지원, 경조사비 지원, 문화공연 지원, 무료 스포츠 관람, 호텔·리조트 할인, 사내 배드민턴 동호회 운영

보상제도 장기근속 포상, 우수사원 포상, 인센티브

경력개발 지원제도 신입사원 OT 및 OJT, 직무능력 향상교육, 리더십 교육, 그룹사 위탁교육, 자기계발비 지급, 도서구입비 지원

영창뮤직 본사 전경

기업 소개

영창뮤직 사내 뮤직 오픈라운지

영창뮤직은 대한민국 최초의 피아노 제조사이자 전자악기, 음향기기, 관현악기 등을 취급하는 대표적인 종합 음악 기업이다. 1956년 설립돼 2016년으로 창사 60주년을 맞은 영창뮤직은 1971년에 대한민국 최초로 피아노를 수출하고, 1990년대에는 피아노 부문 세계 시장점유율 1위를 달성한 역사가 있다.

러시아 상트페테르부르크 국립음악원, 전 세계 문화공연의 메카인 미국 링컨센터 등 세계 최고의 음악 공연 장소에 공식적으로 사용되어온 피아노 브랜드 '영창피아노'와 세계 4대 전자악기 브랜드인 미국의 '커즈와일'을 보유하고 있다. 커즈와일의 디지털피아노와 신디사이저는 스티비 원더Stevie Wonder, 빌리 조엘Billy Joel, 저스틴 비버Justin Bieber

등 세계적인 뮤지션들이 애용하는 악기이기도 하다.

2006년 현대산업개발 그룹의 계열사가 된 이후, 전 공정 관리체계의 개선과 효율화 작업을 통해 혁신적인 제조 환경을 구축해왔으며 유통, 여행, 스포츠, 호텔 등 여러 계열사들과의 다채로운 문화마케팅을 지속적으로 시행하고 있다. 중국 텐진 법인과 미국 캘리포니아 법인, 보스턴 전자악기 연구개발센터 등을 운영하고 있다.

인천에 위치한 본사에서는 국내 최초이자 최대 규모인 공장직영 아울렛 '영창팩토리 스토어'를 통해 70여 종의 제품을 전시 및 판매하고 있다.

다양한 문화 활동 및 예술분야 후원을 위해 2013년부터는 국내 최대의 장학금을 지원하는 음악 콩쿠르도 매년 실시하고 있다. 그룹사인 포니정재단이 상금 5,000만원을 후원하며, 예선으로 선발된 중국 연주자들은 한국 본선에 참가하게 된다. 이를 통해 국제적 문화교류는 물론 문화 콘텐츠 소개도 활발히 하고 있다.

영창뮤직콩쿠르 시상식

현장의 목소리

임원 인터뷰 현계흥 대표

영창뮤직은 도전적이고 역동적인 기업문화를 바탕으로 지속적인 혁신을 주도하며, 차별화된 경쟁력을 갖춘 종합 문화기업입니다. 창의적이고 열정적인 자세로 항상 변화를 추구하며, 자유로운 소통과 협업이 이뤄지는 역동적인 조직문화를 보유하고 있습니다.

영창뮤직의 유일한 재산은 사람이며, 성장의 원동력은 인재입니다. '명확한 목표와 목적의식으로 자신의 업무에 전문적이고 열정을 다하는 사람', '협력과 소통을 위해 양보하는 매너를 갖춘 사람', '우직할 정도로 기본에 충실하면서도 그 속에서 새로운 창조와 아이디어를 도출하는 유연한 사람', '젊은 패기와 뜨거운 열정으로 가득 찬 처음의 마음가짐을 잊지 않는 인재'가 영창뮤직의 미래를 이끌어갈 것입니다.

직원 인터뷰 승형욱 과장

영창뮤직의 본사 사무실은 사무 공간인 '컴(소통과 화합을 위한 장소)'과 기술 관련 공간인 '이매진(Imagine, 창의적인 상상)'으로 나뉘어 있습니다. 임직원 연계 및 업무 효율성 강화하기 위한 목적입니다. '커뮤니케이션 룸', '릴렉스 존', '뮤직 오픈라운지'를 운영하며 개개인의 휴식과 직원 간의 교류를 매우 중시하는 것도 근무 환경의 특징 중 하나입니다. 또한 그간 축적해온 글로벌 역량과 네트워크를 활용해 중국 등 해외 법인과 업무 공유를 하므로, 외국어 능력을 발휘할 기회가 많습니다.

저희 회사는 다양한 문화 콘텐츠를 전파하는 문화기업으로서 창조적인 아이디어와 앞서가는 감각을 중시합니다. 현재 영창뮤직은 전문 품목을 확장하고 유통 경로를 확장하며, 신사업을 개발하고 있습니다. 다양한 시도를 하는 만큼 성장 가능성도 큰 기업입니다.

유한킴벌리

◆ ◆ ◆

기본정보

업종	매출	지역
제조업 아기 기저귀, 물티슈, 미용티슈, 생리대, 화장지, 요실금 언더웨어, 스킨케어, 육아용품 등	**1조 5,191억 원**	**서울**

임직원수	근속연수	주소
1,710명	**평균 17년**	서울특별시 강남구 테헤란로 504 (대치동 942 해성1빌딩) 전화: 02 - 528 - 1001

채용정보

홈페이지 www.yuhan-kimberly.co.kr

채용요건 부문별 상이

채용분야 영업, 생산, 구매, 기획, 품질, 연구개발 등

채용전형 서류전형→면접

채용계획 수시채용

부가정보

복리후생 직장보육시설(대전공장)·모성보호공간 운영, 전문가상담프로그램(EAP) 운영

보상제도 사내공모제, 인센티브

경력개발 지원제도 경력계획 및 개발제도 운영, 평생학습 지원, 해외파견, 순환보직

유한킴벌리 공장 전경

기업 소개

유한킴벌리 사내 자유근무 공간 스마트오피스

우리나라의 대표적 생활혁신기업인 유한킴벌리는 1970년에 유한
양행과 킴벌리클라크Kimberly - Clark의 합작으로 설립됐다. 우리나라 최초
로 생리대와 미용티슈, 위생 기저귀 등을 생산하고 공급해 국민 생활
위생문화 발전에 기여했으며, 지금도 세계적인 수준의 품질과 디자
인으로 고객들에게 계속 사랑받고 있다. 주요 제품은 기저귀 '하기스'
와 미용티슈인 '크리넥스', 생리대 '화이트'와 '좋은느낌', 화장지 '뽀
삐' 등이다.

유한킴벌리는 고객의 행복과 우리사회의 건강한 성장과 함께하기
위해 '더 나은 생활을 향한 믿음'을 비전으로 제시하고, 초일류 생활
혁신기업으로 성장하기 위한 노력을 기울이고 있다. 특히 미래 성장

공익캠페인 '우리강산 푸르게 푸르게' 중 하나로 진행된 신혼부부 나무 심기 프로그램

동력으로 스킨케어와 시니어케어 사업을 집중 육성하고 있다. 혁신적이고 훌륭한 품질의 제품으로 품질로 국내외 시장에서 경쟁력을 높여가는 중이다.

또 혁신역량을 신기술과 결합하여 보다 큰 시너지를 창출하기 위해 '유한킴벌리 이노베이션센터'를 설립하고, 국내에 설립된 킴벌리클라크 글로벌 이노베이션센터와도 긴밀히 협력하고 있다.

킴벌리클라크의 글로벌 네트워크를 활용한 제품 수출도 점점 규모가 커지는 중이다. 2003년에 본격적으로 시작된 수출은 점차 늘어나 현재 전 세계 30개 이상의 국가에 주요 제품을 공급하고 있다. 매해 2,000억 원 이상의 매출을 기록 중이다. 특히 세계적 기업들의 각축장이 되고 있는 중국 프리미엄 기저귀 시장에서 치열하게 경쟁하며 베이징, 상하이 등 주요 도시에서 60% 이상의 시장점유율을 기록하는 등 높은 성과를 달성하고 있다.

유한킴벌리는 일과 삶의 조화를 통해 사원들이 행복하면서도, 효율적이고 몰입도 높은 스마트워크를 구현함으로써 도전적이고 창의적인 기업문화를 발전시키고 있다. 유한킴벌리식 스마트워크는 가족친화경영을 기반으로 시간, 공간, 자원의 제약을 최소화하고 보다 수평적이고 창의적으로 일할 수 있도록 돕고 있다.

국민들에게 많은 사랑을 받는 공익캠페인 중 하나가 유한킴벌리의 '우리강산 푸르게 푸르게' 캠페인이다. 유한킴벌리는 국유림 나무 심기, 시민 참여 나무 심기, 학교숲 만들기, 동북아 사막화 방지, 북한 산림황폐지 복구, 여성 환경리더 양성 등을 통해 우리나라 숲과 환경 보호 인식에 크게 기여해왔다. 캠페인 30년만에 국민 1인당 1그루에 해당하는 5,000만 그루의 나무를 심고 가꾸는 결실을 거두었으며, 지금은 '숲과 사람의 공존'이라는 새로운 비전을 통해 미래 세대가 자연 선진국에서 행복한 삶을 살아갈 수 있도록 노력하고 있다.

현장의 목소리

임원 인터뷰 최규복 대표이사

'자신감, 겸손함, 그리고 호기심'. 평소 제가 즐겨 사용하는 말들입니다. 고객 여러분의 조언과 사랑이 '가장 좋은 제품'을 만들고 있다는 자신감을 가질 수 있도록 했고, 실제로 동종설비를 운영하는 사업장 중에 가장 높은 품질과 생산성을 달성할 수 있도록 했습니다.

겸손한 태도를 가지면 자신감을 진정한 실력으로 만들어낼 수 있다고 생각합니다. 부족함을 성찰하고 보완하기 위해 노력하겠습니다. 사회와 함께 성장하기 위한 진정성 있는 경영을 실천하겠습니다. 또 하나, 혁신적인 제품과 서비스, 전혀 새로운 비즈니스, 사회변화를 이끌어갈 기업문화는 호기심에서 시작된다고 생각합니다.

자신감과 겸손함, 그리고 호기심으로 착하면서도 강한 생활혁신기업으로 고객과 사회의 더 나은 생활에 기여하겠습니다. 그리고 이 세 가지를 갖춘 이들과 미래기업을 만들어가고 싶습니다.

직원 인터뷰 류민경 부장

유한킴벌리는 진정성을 가지고, 소비자들이 더 나은 생활을 할 수 있도록 돕는 것을 목표로 하는 회사입니다.

나 혼자 잘 먹고 잘 살겠다는 마음이 아니라 나도, 가정도, 사회도 다 같이 함께 발전했으면 좋겠다고 생각하는 사람이라면 유한킴벌리와 비전을 같이 하며, 오랫동안 함께할 수 있다고 생각합니다.

인탑스

• • •

INTOPS® GROWING TOGETHER

기본정보

업종	매출	지역
제조업 휴대폰, 프린터, 전자기기, 가전제품 케이스 등	**6,616억 원**	**경기 안양, 경북 구미**

임직원수	근속연수	주소
5,000명 (국내 1,000명)	**평균 8년**	경기도 안양시 만안구 안양천서로 51 전화: 031 - 441 - 4181

채용정보

홈페이지 www.intops.co.kr

채용요건 부문별 상이

채용분야 재무, 디자인, 부동산, 연구기획, 선행개발, 연구소장 등

채용전형 서류전형→인성면접→실무면접

채용계획 상시채용, 수시채용

부가정보

복리후생 구내식당·통근버스·기숙사·사내 휴게실·가정의 날 어린이집 운영, 자녀 학자금 지원, 경조사 지원, 부모님 효도수당 지원, 직원 대출, 산전·후 휴가 및 육아휴직 보장, 명절·창립일 선물 제공, 임직원 전용몰 운영, 사내 동호회 지원

보상제도 우수사원 포상, 모범사원 포상, 장기근속 포상, 인센티브

경력개발 지원제도 신규입사자 OT, 자체 온라인 교육사이트, 리더십 교육, 승진자 교육, 직무능력 향상교육, 특강 및 컨퍼런스 운영, 자체 온라인 교육사이트 운영

인탑스 회사 전경

기업 소개

인탑스의 사회공헌활동 중 하나인 사랑의 전기요 나눔 행사

    1981년 설립된 인탑스는 휴대폰 부품 전문기업으로서 세계 시장의 빠른 변화를 선도하며 성장과 발전을 지속해왔다. 30여 년 전 작은 임대 공장으로 치약 뚜껑 등 소규모 생활용품을 생산하며 역사를 시작한 인탑스는 특유의 근면성실함과 남들보다 한발 앞선 기술력을 통해 현재는 모바일 내외장 부품과 조립품Assembly, 그리고 냉장고, 세탁기, 에어컨 등 고급가전 조립품 분야에서 국내 업계의 선두에 서게 됐다.

    특히 휴대폰 내외장 부품의 금형, 사출, 도장 부문에서 쉽게 모방할 수 없는 앞선 기술력과 노하우를 가지고 있으며, 글로벌 제조기업으로 거듭나기 위해 중국 천진, 베트남 하노이에 공장을 설립하는 등 적극적으로 움직이고 있다.

인탑스가 추구하는 미래상은 확실한 핵심역량을 바탕으로 제조기업의 중심에 서는 것이다. 플라스틱뿐 아니라 메탈 등 신소재를 이용한 제품 개발과 연구개발을 지속하고 있다.

또한 창의적인 아이디어와 기술을 보유한 유망 스타트업 회사를 발굴하고 지원하는 '페이퍼 프로그램'을 통해 자금, 제조 노하우, 제품 생산기술, 디자인, 마케팅을 아낌없이 지원하고 있다.

성장의 과실을 이웃과 나누는 사회공헌과 구성원들을 위한 복지제도는 인탑스의 내적 성장동력이 되고 있다. 2013년부터 지역 사회의 소외된 차상위 계층에게 생필품이 담긴 '사랑의 1004박스'를 전달하는 행복 나눔 프로젝트를 지속하고 있다. 장애인 고용에도 적극적으로 앞장서 2015년에는 한국장애인고용공단으로부터 '장애인 고용 우수사업주'로 선정되기도 했다.

'인탑스인이 우리의 미래'라는 모토로 다양한 복지제도도 운영 중이다. 먼저 자신의 부모님께 매월 10만 원의 용돈을 직접 드리도록 효도수당을 지급하고 있다. 또한 직원들이 가족과 함께 좀 더 많은 시간을 보낼 수 있도록 정기휴가를 주고, 주 1회 가정의 날을 정해 일찍 퇴근하는 것을 제도도 운영하고 있다.

현장의 목소리

임원 인터뷰 김근하 각자대표 이사

인탑스는 휴대폰 부품 전문기업으로 세계 시장의 빠른 변화를 선도하며 성장하고 발전해 왔습니다. 21세기는 인탑스에게 생존을 담보로 한 무한경쟁의 시공간인 동시에 무한한 기회의 장이기도 합니다.

급변하는 IT기술 환경에 능동적으로 대처하는 기술력, 도전정신과 열정, 창의적 사고와 인류애의 따뜻한 가슴을 가지고 '세계 속의 인탑스, 세계 속의 존경 받는 기업을 만들 것입니다. 이것이 인탑스인들의 가슴을 뛰게 하는 신념이며, 성공의 역사를 거듭 창조해온 원동력입니다.

저희 회사는 여전히 많은 꿈을 꾸고 있고, 열정과 창의가 있는 분들과 그 꿈을 나누고 싶습니다. 인탑스는 언제나 열려 있을 것이며 여러분들의 도전을 늘 기다리겠습니다.

직원 인터뷰 김태연 사원

저는 인탑스에서 사원들의 의식개선을 위한 이벤트, 캠페인, 행사와 같은 기획업무를 주로 맡고 있습니다.

인탑스의 가장 자랑할 만한 문화는 매주 수요일의 가정의 날입니다. 사실 제조업 특성상 조기 퇴근이 쉽지 않습니다. 하지만 이 날은 사원 전체가 오후 5시에 퇴근해야 합니다. 처음에는 반강제적으로 시행했지만, 지금은 사원들이 알아서 퇴근하고 있습니다. 5시까지 업무를 끝내야 하니 업무 효율도 올라갔습니다.

정보 공유, 다양한 교육을 통한 사내의 활발한 소통도 빼놓을 수 없습니다. 수평에 가까운 커뮤니케이션 문화는 인탑스의 또 다른 자랑입니다.

인탑스의 변화는 현재진행형이기 때문에, '이 일은 이렇게 하면 더 쉬울 텐데'라고 생각하며 어떤 일에든 의문점을 가지고 접근하는 사람을 원합니다. 인탑스의 변화와 도전에 동참하고 싶으시다면 언제라도 환영합니다.

청호나이스

◆ ◆ ◆

CHUNGHO 청호나이스

기본정보

업종	매출	지역
제조업 정수기, 공기청정기, 비데, 연수기, 제습기 등	**3,800억 원**	**서울, 충북 진천, 인천 남구**

임직원수	근속연수	주소
1,500명	**평균 7년**	서울특별시 서초구 사임당로 28 청호나이스 (서초동 1597 - 2) 전화: 1588 - 2290

채용정보

홈페이지 www.chungho.co.kr
채용요건 부문별, 직군별 상이
채용분야 영업, 생산, 구매, 기획, 품질, 연구개발 등
채용전형 서류전형→면접
채용계획 수시채용

부가정보

복리후생 고등학생 이상 자녀 학자금 지급, 자녀학자금 대출, 교통비 지원, 경조사비 지급, 생일·명절 선물 지급, 자사제품 할인, 사내 동호회 운영

보상제도 우수사원 포상, 장기근속 포상

경력개발 지원제도 신입사원 OT, 직급별 업무능력 향상교육, 외부교육 지원, 교육비 지원, 도서 구입비 지급

청호나이스 공장 내부

기업 소개

청호나이스 본사 전경

대한민국 대표 정수기회사인 청호나이스는 최고의 기술력을 바탕으로 한 첨단제품 개발을 통해 국민에게 건강한 삶을 제공하는 환경·건강 가전기업이다. 청호그룹이 출범했던 1990년대 초, 국내의 환경·건강 관련 사업은 매우 열악했다. 이러한 시기에 청호나이스는 완벽에 가까운 정수 기술을 자체기술로 생산, 보급함으로써 국민 건강에 이바지했다.

청호나이스는 제품의 연구개발에 많은 노력을 기울이고 있다. 정수기의 생명이라 할 수 있는 필터의 경우 제품 생산 초창기부터 미국 식약청으로부터 승인받은 원자재만 사용해왔다. 그리고 자회사이자 글로벌 필터 전문기업 '마이크로필터'를 통해 최고 품질의 필터를 만들고 있다. "먹는 물에 대한 안전성에 대해서는 원가절감 차원에서 타협하지 않는다"는 경영방침에 따른 결과라 할 수 있다.

정수기를 비롯한 생활가전 제품들은 정기적인 관리가 반드시 필요하므로, 사후관리 서비스가 필수적이다. 따라서 청호나이스는 현장 중심 경영을 통해 고객서비스를 실현하고 있다. 특히 2013년부터는 고객서비스 강화를 위해 '서비스 평가팀현 CCM팀'을 만들고 거점지역 추가 확보, 지시서 처리율 향상 등 강도 높은 혁신을 이어왔다. 이러한 노력은 공정거래위원회, 한국소비자원이 운영하는 '소비자중심경영 인증제도CCM' 등을 통해 인정받고 있다.

환경 및 건강 관련 분야로 사업을 다각화한 청호나이스는 다양한 제품들을 생산하며 관련 산업을 선도해왔고, 이 과정에서 대한상공회의소 주최 '기업혁신대회 대통령상' 수상, 한국표준협회의 '신기술혁신상' 15년 연속 수상, 한국능률협회컨설팅의 '대한민국명품' 6년

청호나이스 장학재단 장학금 수여식

연속 선정, 한국표준협회의 '한국소비자 웰빙지수' 8년 연속 1위 선정 등 국내 유명 공인기관들로부터 뛰어난 기술력을 두루 인정받았다. 또한 여성 전문가 조직 '청호 플래너'들의 열성적인 활동은 고객들에게 청호나이스의 기업 이미지를 확실하게 각인시켰다.

창립 초창기부터 해외 시장 개척에도 적극적으로 나섰다. 그 결과 1994년 미국, 일본, 동남아시아를 시작으로 현재는 전 세계 40여 개국에 제품을 수출하고 있다. 특히나 2006년, 중국 최대 가전회사인 광동메이디MIDEA 그룹과 정수기 및 필터 생산·판매에 대한 합자법인을 설립하며, 중국 정수기 시장 진출에도 첫발을 내디뎠다.

또한 다양한 사회공헌활동을 통해 기업의 이윤을 사회발전사업으로 환원하고 있다. 그 대표적인 활동은 '청호나이스 장학재단'을 통한 장학금 지급 사업과 직원들의 자발적 봉사모임인 '작은사랑 나누기 실천운동본부' 활동이다. 어린이들이 자연환경 보호의 의미를 되새길 수 있도록 '자연사랑 어린이 그림·글짓기 대회'도 운영 중이다.

현장의 목소리

임원 인터뷰 이석호 사장

청호나이스는 정수기를 비롯해 공기청정기, 위생도기, 연수기, 제습기 등 고객의 건강과 직결되는 제품들을 제조·판매하는 기업입니다. 국내 정상의 환경·건강 가전 기업으로 자리매김했으며 매출액, 경상이익, 영업이익 등 외형적인 경영지표에서도 꾸준한 성장세를 나타내고 있습니다. 매년 사세가 확장되고 있고, 그에 따른 신규채용도 수시로 진행하고 있습니다.

제가 가장 좋아하는 한자성어는 근능보졸(勤能補拙)입니다. '부지런하면 모자람을 보충할 수 있다'는 뜻처럼 남보다 조금 더 먼저 부지런히 움직이고 노력하면 우리 모두가 부족함을 능히 이겨낼 수 있으리라 생각합니다. 청호나이스에서 부지런함과 열정, 패기, 도전정신으로 꿈과 역량을 맘껏 펼쳐보시기 바랍니다.

직원 인터뷰 전보미 사원

저희 회사의 마케팅팀은 크게 광고, 홍보, 온라인 마케팅, 모바일 마케팅, 디자인, 프로모션, 사보 제작 등의 업무로 나누어져 있습니다. 그중에서 저는 사보 제작 업무를 담당하고 있습니다.

저희 회사는 어떻게 하면 소비자가 깨끗한 물을 마실 수 있을까를 고민하는 곳입니다. 저는 그런 청호나이스의 철학을 직원들에게 공유하는 역할을 하고 있습니다.

청호나이스는 소통과 화합을 굉장히 강조합니다. 리더분들이 사원들과 꾸준히 소통하고, 의견을 적극적으로 개진할 수 있는 장을 자주 마련해줍니다. 또 일한 만큼 인정을 받을 수 있어 좋습니다. 어디에든 적극적으로 나설 수 있는 자신감을 길러주는 청호나이스를 '시야를 넓혀주는 기업'이라고 소개하고 싶습니다.

코스맥스

◆ ◆ ◆

기본정보

업종	매출	지역
뷰티 ODM	**5,333억 원**	**경기** **성남, 화성**
스킨케어, 메이크업, 헤어케어, 기능성화장품, 향류, 건강기능식품		

임직원수	근속연수	주소
3,983명 **(해외 포함)**	**평균 4년**	경기도 화성시 향남읍 제약공단2길 46 전화: 031 - 789 - 3000

채용정보

홈페이지 www.cosmax.com

채용요건 대졸, 대학원졸, 중국 국적 대졸

채용분야 해외영업, 마케팅, 전략마케팅, 연구경영, 회계, 인사총무, 디자인, 생산관리, 품질보증 등

채용전형 서류전형→면접

채용계획 정기채용(상·하반기)

부가정보

보상제도 구내식당·휴게실·통근버스 운영, 건강검진, 교통비 지원, 경조사 지원, 유류비 지원, 직원 대출, 생일·명절선물 제공, 경조금 지급, 휴양시설 제공, 사원 근무복 지급, 사내 동호회 지원

복리후생 우수사원 포상, 우수제안 포상, 인재추천 포상, 장기근속 포상, 공로상, 모범상, 인센티브

경력개발 지원제도 신입사원 OT 및 OJT, 리더십 교육, 직무능력 향상교육, 고급개발자 위탁교육, 사내 스터디그룹 운영, 도서구입비 지원

코스맥스 1공장 전경

기업 소개

코스맥스 사내 체육대회

    국내에서 판매되는 화장품을 자세히 살펴보면 '제조: 코스맥스'라는 문구를 어렵지 않게 발견할 수 있다. 1992년 설립된 코스맥스는 자체브랜드 없이 ODM_{Original development&design manufacturing} 방식으로 제품을 개발 및 생산하는 기업이다. ODM이란 연구원들이 직접 신제품을 개발하여 고객사에게 제안, 고객사의 브랜드로 최종 납품까지 진행하는 비즈니스를 말한다.

    코스맥스는 글로벌화를 통한 세계 시장 공략을 목표로 한다. 실제로 이미 수많은 글로벌 기업을 고객사로 두고 있다. 2004년 업계 최초로 중국시장에서 화장품을 생산하며 해외 시장에서도 '최초'라는 수식어를 달고 다닌다. 2015년 코스맥스가 한국, 중국, 미국 등에서 생산한 화장품의 총 수량은 4억 개 가량이다. 전 세계의 15명 중 1명은 코스맥스가 만든 화장품을 사용한 셈이다. 수출 지역 역시 화장품 산업의 본고장이라 할 수 있는 미국, 프랑스, 일본 등을 포함한 100여 개국으로 매우 다양하며, 수출 비중도 25% 정도로 국내 업계에서 가장 높다.

코스맥스는 판교에 연구혁신센터를 두고 그 산하에 스킨케어, 메이크업 최신 기술, 안전성효능, 해외 등 5개의 전문 연구소를 운영하고 있다. 전 세계 코스맥스 연구혁신센터에 근무하는 직원은 약 300명 정도다. 이렇듯 코스맥스는 연구개발 분야에 매출의 5% 이상을 꾸준히 투자하며 품질을 높이기 위한 다각적인 노력을 기울이고 있다.

코스맥스는 2007년부터 9년 연속 매출성장률 20% 이상이라는 기록을 이어오고 있다. 한국의 미美를 세계로 전파하는 일등공신으로서, 제품 차별화를 통해 명실상부한 글로벌 1위 화장품 ODM 기업으로 도약한다는 계획이다.

현장의 목소리

임원 인터뷰 이경수 회장

코스맥스의 전 직원들은 '바름', '다름', '아름'이라는 가치관으로 신뢰와 사랑을 실천하고 있습니다. 창조적인 제품과 고객과의 믿음을 바탕으로 '세계 최고의 뷰티 ODM'이라는 목표를 향해 글로벌 경쟁력도 키우고 있습니다.

또 전 세계인에게 미와 건강을 제공하는 화장품, 건강기능식품, 의약품을 위해 연구개발 부문에 매년 매출의 5% 이상을 투자하고 있습니다. 코스맥스는 기술 리더십을 바탕으로 세계일류상품과 미래역량을 확보하는 중입니다. 세계로 뻗어나가는 저희 기업과 함께 도전할 인재를 기다립니다.

직원 인터뷰 이경은 연구원

코스맥스에 들어와서 가장 좋았던 점은 연구원으로서 다양한 제품을 접할 수 있다는 것입니다. 저는 크림 앤 파운데이션 팀에 근무하면서 쿠션, 파운데이션, BB크림 등 다양한 제형을 만들고, 그 원료에 대해 공부하고 있습니다. 특히 새로 개발된 원료들도 회사로부터 공급받을 수 있어 많은 도움이 됩니다.

화장품에 관심이 많은 사람이라면 누구나 화장품 회사에 대한 환상을 갖고 있을 것입니다. 내가 쓰고 싶을 만큼 좋은 품질의 화장품을 직접 다루고 싶은 분들에게 코스맥스는 최고의 직장이라 생각합니다.

쿠쿠전자

◆◆◆

CUCKOO
always new

기본정보

업종	**매출**	**지역**
제조업	**6,675억 원**	**경남 양산**
전기보온밥솥, 정수기, 공기 청정기, 주스믹서기 등		

임직원수	**근속연수**	**주소**
1,039명	**평균 5.2년**	경상남도 양산시 유산공단 2길 14(교동) 전화: 055 - 380 - 0700~7

채용정보

홈페이지 www.cuckoo.co.kr
채용요건 대졸
채용분야 영업, 생산, 구매, 기획, 품질, 연구개발 등
채용전형 서류전형→면접
채용계획 정기채용(상·하반기)

부가정보

복리후생 구내식당·통근버스·휴게실 운영, 주택마련대출, 자녀학자금 지원, 명절 선물, 사내 동호회 지원

보상제도 우수사원 해외연수, 우수제안 포상, 장기근속 포상, 공로상, 모범상, 인센티브

경력개발 지원제도 신입사원OT 및 OJT, 리더십 교육, 직무능력 향상교육, 개인별 스마트러닝 교육 지원

쿠쿠전자 공장 전경

기업 소개

소비자시민모임 주관 올해의 에너지위너대상 '국무총리상' 수상

쿠쿠전자는 '최고의 품질로 고객을 만족시키고 사회에 봉사하는 기업'이 되겠다는 경영이념으로 설립된 종합 가전기업이다. 혁신적인 제품 개발과 엄격한 품질관리, 고객 의견 적극 반영, 가치 있는 서비스 제공으로 주방가전부터 생활가전, 건강가전에 이르는 다양한 제품을 개발 및 생산하고 있다.

밥솥이라는 하나의 상품 개발에 매진해 1998년 자체브랜드 '쿠쿠'를 선보였으며, 불과 1년 만에 밥솥 시장에서 시장점유율 70% 이상을 기록하며 부동의 1위로 성장했다. 이렇듯 지속적인 성장을 거듭하며 시장의 리더로 자리매김할 수 있었던 이유는 고객이 필요한 서비스를 제공하고 지속적으로 연구개발한 덕분이다.

산업통상자원부 주관 국가품질경영대회 '서비스 품질우수 국무총리표창' 수상

　높은 시장점유율에도 쿠쿠는 꾸준히 연구개발에 투자 중이다. 최근에는 밥솥의 본질인 '밥맛' 향상을 위해 최초로 초고압력을 적용한 제품을 선보이며 소비자들에게 높은 호응을 얻고 있다. 고객을 가장 먼저 생각하고, 높은 만족도를 위해 끊임없이 연구한 결과다.

　쿠쿠는 소비자로부터 인정받은 최고의 기술력과 품질을 바탕으로 이제 국내를 넘어 아시아, 미국, 유럽 등 세계 각국에서 명품 브랜드로 자리매김하며 글로벌 가전기업으로 거듭 성장하고 있다.

현장의 목소리

임원 인터뷰 구본학 사장

쿠쿠전자는 소비자들의 다양한 욕구를 충족시키기 위해 뛰어난 기능의 제품들을 지속적으로 선보여왔습니다. 도전은 불가능도 가능으로 바꾼다는 사실을 잘 알고 있기 때문에 어렵다고 생각되는 일에도 과감히 도전할 줄 아는 적극적인 인재를 좋아합니다.

지금의 쿠쿠전자는 고객지향적인 사고를 바탕으로 끊임없는 연구개발이 있었기 때문에 가능했습니다. 고객의 입장에 서서, 창조적이고 스마트한 혁신을 통해 국내를 넘어 글로벌 가전기업으로 성장 중인 쿠쿠의 빛나는 미래와 함께할 인재를 기다립니다.

직원 인터뷰 김원빈 사원

저희들에게는 어떤 복지보다도 가슴을 뜨겁게 하는 게 있습니다. 그건 바로 자부심입니다. 쿠쿠전자는 국내 밥솥 시장점유율 1위의 기업입니다. 국내 10명 중 7명이 쿠쿠의 밥솥을 사용하고 있다는 뜻입니다. 그리고 이제는 전 세계인들도 저희 브랜드를 알고 있습니다. 이러한 자부심과 사명감은 지치지 않고 열심히 일할 수 있는 가장 큰 힘이 됩니다.

또한 어떤 일이든 한마음 한 뜻으로 협심하여 문제를 해결하고, 또 해결되었을 땐 서로를 격려하고 칭찬하는 따뜻한 기업문화가 있기에 쿠쿠가 이만큼 성장할 수 있었다고 생각합니다. 자신의 일에 자부심을 가지고 열정적으로 일해보고 싶다면 쿠쿠의 문을 두드려보시길 추천드립니다!

한국맥널티

◆ ◆ ◆

기본정보

업종	매출	지역
식품제조업 원두커피, 인스턴트커피, 의약품 등	**270억 원**	**충남 천안, 서울**

임직원수	근속연수	주소
1,100명	**평균 5년**	충청남도 천안시 서북구 성환읍 연암율금로 42 전화: 031 - 376 - 1383

채용정보

홈페이지 www.mcnultycoffee.com
채용요건 부서별 상이
채용분야 영업, 생산, 생산관리, 품질보증 등
채용전형 서류전형→면접
채용계획 수시채용

부가정보

복리후생 휴게실 운영, 식비 지원(중·석식), 건강검진, 유류비 지원, 경조금 지원, 경조 휴가 및
상조 지원, 주차비 지원, 별도 출장비 지원

보상제도 우수사원 포상, 장기근속 포상, 인센티브

경력개발 지원제도 신입사원 OT, 교육비 지급, 자율 연구

한국맥널티 공장 내부

기업 소개

한국맥널티 코스닥 상장식

    한국맥널티는 1993년 설립된 국내 원두커피 대표 브랜드다. 2015년 국내 커피업계 최초로 코스닥에 상장하며, 생두와 원두 뿐 아니라 인스턴트 커피, 핸드드립 커피 등 커피 관련 다양한 제품을 출시하고 있다. 또 제약 부문에서는 독자적인 기술을 바탕으로 의약품을 위탁생산하는 CMO_{Contract Manufacturing Organizations} 사업을 주력으로 영위하고 있다.

    한국맥널티는 20여 개국에서 100여 종의 생두를 직접 소싱하며 커피 원재료 경쟁력을 확보하고 있다. 원두커피, 인스턴트커피, 티백커피, 핸드드립커피 등 커피와 관련된 전 제품을 개발, 판매하는 것은 물론 국내 최대 규모 로스팅 시설을 갖추고 전 생산라인을 자동화해 균일하고 품질 좋은 커피를 생산하고 있다.

신선한 커피를 제공하기 위해 국내 최초로 커피 지퍼백 개발, 질소 충전 포장 등 남들이 시도하지 않은 새로운 기술들도 도입하였다.

또한 이마트, 홈플러스 등의 유통 대기업과의 동반자적 상생 전략으로 다양한 제품을 출시하며 시장을 선도하고 있다. 커피 전 분야에서 HACCP 인증을 획득했고, 2016년에는 '소비자가 뽑은 한국소비자만족지수 식품(원두커피) 부문' 1위에 선정되는 등 제품력을 인정받고 있다.

제약 분야에서도 존재감을 꾸준히 키워오고 있다. 특히 제제 부문에 특화된 역량을 가지고 있다. 유명 제네릭 품목의 제제 연구 및 개발을 통해 제형 개량신약 품목과 DDS 등 운반체를 개발 역하기도 했다. 또한 액체 속에 고체가 떠 있는 형태의 현탁액을 복용하기 쉽게 가루로 만드는 등 복용방법을 개선한 제품이나 복용량을 기존 제품의 4분의 1로 최소화한 제품을 개발하는 등 소비자에게 최적화된 의약품으로 경쟁력을 높이는 중이다. 독자적인 제제 부문 역량으로 폭넓은 CMO 비즈니스를 진행하고 있으며 제제 연구부터 생산까지 한꺼번에 이뤄지는 토털솔루션을 구축하고 있다.

또한 영하 196도 극저온 초미세 분쇄 기술인 C.M.G.T 신기술을 이용해 건강기능식품과 차 등 다양한 신제품 출시를 준비하고 있다. 콜롬비아 생산자연합회의 세계적인 커피 브랜드 후안발데즈Juan Valdez, 중국 컨텐츠그룹 위마오Yumao와의 업무협약을 통해 글로벌 시장으로도 사업을 확장 중이다.

현장의 소리

임원 인터뷰 이은정 대표

한국맥널티는 지난 20여 년간 국내 원두커피 시장을 선
도해왔고, 2015년에는 국내 커피업계 최초로 코스닥에
상장하는 쾌거를 이루었습니다. 또 2016년에는 커피와
제약에서부터 건강기능식품까지 다각적인 사업영역을
확장할 계획입니다.

이러한 맥널티의 발전과 함께, 자기 분야에서 최고의 전
문가가 되고자 하는 인재를 원하고 있습니다. 앞으로 펼쳐질 맥널티의 행보에 많은
기대 부탁드립니다.

직원 인터뷰 이형중 사원

먼저 편안한 사무실 분위기가 맥널티의 가장 큰 장점이라고 생
각합니다. 서로를 따뜻하게 챙겨주기에 업무도 빠르게 습득할
수 있고, 그만큼 일할 의욕도 생깁니다.

커피 회사다 보니 커피를 마시고 싶을 때 언제든 마실 수 있다는
점, 커피에 대한 지식을 쌓을 수 있다는 점도 좋습니다. 회사 내에서 커피를 마시며
원두를 평가하는 경우가 많은 탓에 평소에 카페를 갈 때도 자연스럽게 '이 집 커피
는 뭐가 다를까?' 하고 생각하게 됩니다. 회사 사람들 모두가 진지하게 커피를 대하
기 때문에 원두커피 회사 최초로 코스닥 상장이 되었다고 생각합니다.

한국콜마

• • •

Kolmar BNH

기본정보

업종	**매출**	**지역**
화장품, 의약품 화장품, 의약품, 건강 기능식품 등	**5,358억 원**	**세종, 서울**
임직원수	**근속연수**	**주소**
980명	**평균 4.6년**	세종특별자치시 전의면 덕고개길 12-11 전화: 02-515-0150

채용정보

홈페이지 www.kolmar.co.kr

채용요건 고졸, 대졸

채용분야 영업, 마케팅, 생산관리, 제조, 시설, 기획관리, 연구경영, 기획, 환경관리, 품질관리, 패키지 개발, 제약개발(RA), 개발기획 등

채용전형 서류전형→면접

채용계획 정기채용(하반기), 수시채용

부가정보

복리후생 야근교통비 지원, 영업사원 교통비 지원, 가족 경조사(결혼, 장례, 수연 등) 지원, 상조 서비스, 경조용품 지원, 출장 유류비 지원, 저금리 직원 대출제도 운영(전세자금, 주택구입자금, 일반 자금 대출)

보상제도 우수직원 해외연수, 영업 우수사원 개인 및 부서 시상(최대 500만 원+해외여행 특전), 각종 자격수당(약사, 시설, 연구원, 전산 등)

경력개발 지원제도 직무능력 향상교육, 사내외국어 교육, 외국어 학원비 지원, 석박사 지원, 전문기술 교육 지원(AMP, 최고경영자, 경영컨설팅), 특수교육, 해외 박람회 참석 지원, 해외연수

한국콜마 공장 전경

기업 소개

한국콜마 연구개발소 내부

　한국콜마는 1990년 국내 최초로 화장품 업계에 새로운 비즈니스 모델인 ODM을 도입했다. 현재는 전 세계 500여 개 업체에 상품의 기획·개발부터 완제품의 생산, 품질관리, 출하에 이르는 토털서비스를 제공하는 ODM 대표기업이다. 우수한 연구기술력과 국제 기준에 맞춘 품질경영을 기반으로 화장품뿐 아니라 의약품과 건강기능식품까지 사업영역을 확대했다. 그 결과, 화장품 제형기술과 의약품 효능기술을 결합한 퓨전테크놀로지를 실현하고 있다.

　한국콜마는 화장품·제약·건강식품 분야에서 세계적인 'ODM 토털서비스 1위 회사'라는 비전을 세우고 2012년 지주회사 체제로 전환했다. 그리하여 한국콜마홀딩스는 투자와 자회사 관리에, 한국콜

한국콜마의 화장품 연구원

마는 제조 및 판매에 주력하고 있다. 창립 25주년인 2015년, 연매출 1조 72억 원(10개 개별법인 매출 단순 합산)을 달성하며 매출 1조 원을 돌파했다.

한국콜마가 화장품·제약 ODM 업계에서 부동의 1위를 지키며 매년 성장할 수 있었던 바탕에는 연구개발 중심의 경영철학이 있다. 한국콜마는 직원의 30% 이상을 연구원으로 구성하고, 매출의 6% 이상을 신소재, 신기술 연구개발에 지속적으로 투자하고 있다.

현재 운영 중인 기초 및 색조화장품 연구소, 생명과학 연구소 등 총 14개의 기술연구원에는 화장품, 제약, 건강기능식품 분야의 우수 연구인력이 대거 포진돼 있다.

연구원들은 세계 최초 나노복합캡슐과 다중멀티캡슐, 업계 최고 수준의 기능성화장품, 제약업계 상위권에 속하는 제네릭 의약품, 화장품 퓨전테크놀로지의 결정체인 고함습 아토피 연고 등을 개발하며 세계적인 경쟁력을 자랑하고 있다.

이러한 노력으로 'IR52 장영실상' 수상, '보건 신기술 인증' 획득, '세계일류상품' 생산기업으로 선정되는 등의 쾌거를 달성했다. 또한 2012년에는 '월드클래스 300 기업'에 선정됐고, 제약부문에서는 CMO 전문기업 중 유일하게 보건복지부가 부여하는 '혁신형 제약기업' 인증을 획득했다. 이는 연구개발 및 해외 진출 역량이 뛰어난 제약기업에 주어지는 인증이다. 이후에도 지속적인 연구개발 및 CMO 서비스 품질 향상을 한 결과 2015년 제2차 혁신형 제약기업에 재선정됐다.

이렇듯 화장품 부문에 이어 제약 부문에서도 우수한 기술력을 객관적으로 입증하며 시장점유율을 늘리고 있다.

현장의 목소리

임원 인터뷰 윤동한 회장

사람이 중심인 한국콜마는 신기술을 선도하는 연구개발 전문기업입니다. 인류의 건강과 아름다움을 책임지며, 가치 있는 삶에 공헌하는 기업이 되고자 노력하고 있습니다.

한국콜마 임직원은 '창조성', '합리성', '적극성', '자주성'의 4성을 콜마인이 지켜야 할 정신과 자세로 지향합니다. '창조성'은 개선·개량하여 새로운 가치를 창출하는 자세, '합리성'은 원칙과 기본을 지키며 최적의 방법을 선택하는 자세를 뜻합니다. 또한 주도면밀하게 계획하고 과감하게 실천하는 '적극성', 상호 신뢰를 바탕으로 보람된 일터를 스스로 만드는 '자주성'을 중시합니다. 이러한 정신을 가지고 한국콜마의 미래를 함께 이끌어나갈 분들을 언제든 환영합니다.

직원 인터뷰 홍성미 사원

유기농경영을 표방하는 한국콜마가 직원들에게 가장 매력있는 점은 역량을 강화할 수 있도록 여러 교육 프로그램과 다양한 기업문화 프로그램을 운영하는 것입니다. 대표적으로 독서 장려 캠페인이 있습니다. 1년에 여섯 권 이상의 책을 읽고, 월례조회에서 독서감상문을 공유하며 사내 독서왕도 선발합니다. 이런 프로그램 덕분에 바쁜 업무 중에도 임직원 모두 자연스럽게 독서를 생활화하고 있습니다.

또 입사 후 정기적으로 독거노인 도시락 배달, 환경미화 봉사활동을 다니면서 함께 나누고 보답하는 기쁨을 느끼고 있습니다. 봉사활동을 하며 혼자 성장하는 것보다는 함께 성장하는 것이 더 나은 미래를 만드는 길임을 깨달았습니다.

산업의 근간은 우리가 책임진다

금속가공유/자동차 부품

범우

♦ ♦ ♦

기본정보

업종	매출	지역
제조업 절삭유, 압연유, 방청유, 세정유, 표면처리코팅제, 산업용 윤활유, 열처리유 등	**3,800억 원**	**서울, 경기 화성**

임직원수	근속연수	주소
289명	**평균 10년**	서울특별시 서초구 바우뫼로 27길 7 - 15 범명빌딩 전화: 02 - 571 - 6321

채용정보

홈페이지 www.buhmwoo.co.kr

채용요건 부문별 상이

채용분야 기술영업, 지원, 생산, 품질관리, 연구 등

채용전형 서류전형→면접

채용계획 수시채용

부가정보

복리후생 사택·통근버스 운영(일부 사업장), 자녀 교육비 지원, 경조사 지원, 우리사주제 운영, 차량유지비 지원(직급별 상이), 주택 및 전세자금 대출제도 운영, 사계절 콘도 및 휴양소 운영, 사내 동호회 지원

보상제도 장기근속 포상

경력개발 지원제도 신입사원 OJT, 리더십 교육, 직무능력 향상교육, 여직원 대상 교육

BIT 범우연구소 전경

기업 소개

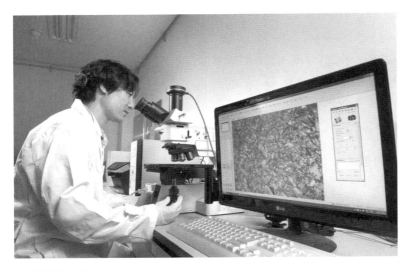

BIT 범우연구소 내부

　1973년 설립된 범우는 WD-40, 절삭유, 방청유, 압연유, 세정유, 열처리유, 표면처리 코팅제 등 각종 금속가공유와 산업용 윤활유를 전문적으로 개발, 생산, 판매하는 기업이다.

　1970년대에 우리나라는 금속가공유를 전량 수입에 의존하여 사용하고 있었다. 그러다 1976년 범우가 이를 최초로 국산화하는 데 성공하면서 자동차사와 철강사의 원가 절감이 가능해졌다.

　범우는 기술과 품질을 가장 우선시하는 품질경영을 몸소 실천하는 기업이다. 현재 매년 매출액의 약 7%를 연구개발에 투자하고 있는데, 이는 대한민국 기업 평균의 무려 2~3배에 달하는 수치이다. 또 경기도 화성에는 동종업계 최대 규모의 BIT 범우연구소를 독립법인으로 운영하는 중이다. 이러한 품질경영의 성과는 지난 40여 년간의 각종 수상경력을 통해 증명된다. 국가품질경영대회에서 최대의 영예라 할 수 있는 '금탑산업훈장'을 수훈하였으며, 포스코가 매년 선정하는 '포스코 우수공급사'에 15년간 선정되었다. 또한 2012년과 2013년에는 '포스코 품질경영 최우수상'을 2년 연속 수상하며 제품의 우수함을 다시 한번 입증받았으며, 산업통상자원부와 대한무역투자진흥공사KOTRA가 선정하는 '세계일류상품'에 업계 최초이자 유일하게 3년 연속으로 선정되기도 했다.

범우는 2001년 중국 곤산에 첫 해외법인을 설립하며, 글로벌 금속가공유 전문기업이 되기 위한 첫 발을 내딛었다. 이후 인도, 인도네시아, 베트남, 미국, 멕시코 등에도 차례로 해외법인을 설립하며 전 세계 고객 기업들이 제품의 완성도를 향상시키는 데 일조하고 있다.

범우는 '인본기업·사회공헌'이라는 설립이념을 현재까지 지켜온 인본주의 기업이다. 1973년 회사 설립 이후 여러 위기를 겪어오면서

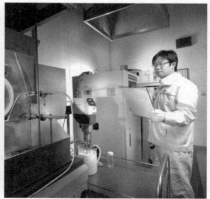

범우 공장 내부

도 인위적인 구조조정은 단 한 번도 실시한 적이 없음은 물론, 외부에서 인력을 수혈하기보다는 내부의 인재를 육성하여 활용하는 방식을 고수해오고 있다. 실제로 1970년대 후반 입사한 공채 1기생들이 현재 국내 및 해외법인의 사장으로 근무하고 있다.

투명경영과 윤리경영 역시 꾸준히 실천하고 있다. 범우는 그간 국세청으로부터 총 3차례나 '모범성실납세자' 표창을 수여받았으며, 우리사주제도를 운영해 직원들에게 정당하게 이익을 배당하고 있다. 우리사주제도의 종업원 지분은 약 11.6%이다. 1992년도에 설립된 사내 근로복지기금 역시 임직원 복지 증진을 위한 대표적 제도라 할 수 있다.

현장의 목소리

임원 인터뷰 김명원 회장

'가장 잘할 수 있는 일로 국가와 인류의 발전에 공헌하는 기업이 되자'는 것이 범우의 존재 이유입니다.

저희 회사는 설립 이후부터 산업현장에 없어서는 안 될 각종 금속가공유를 개발하고 생산하며 국내 기간산업 발전에 크게 기여해왔습니다.

그렇기 때문에 저희 회사는 화합과 단결이 가지는 힘을 아는 '조직 안의 인재'를 선호합니다. 또한 창의성을 바탕으로 주어진 업무에 몰두하여 현재보다 더 나은 성과를 추구하는 '창의적 인재', 다양한 문화를 존중하고 이해하며 원활한 비즈니스 커뮤니케이션이 가능한 '글로벌 인재'와 함께하고자 합니다. 글로벌 금속가공유 전문기업 범우와 함께할 무한한 가능성과 잠재력을 가진 여러분을 기다립니다.

직원 인터뷰 조재민 사원

작지만 강한 기업, 내실 있고 탄탄한 기업. 제가 생각하는 범우입니다. 사실 소비재를 생산하지 않는 B2B기업이다 보니 저희 회사는 일반인들에게 잘 알려져 있지는 않습니다. 그러나 일단 40년이 넘는 긴 시간 동안 금속가공유라는 한 분야에서 굳건히 정상의 자리를 지키고 있다는 점, 그리고 그 원동력이 인본주의 경영철학과 독자적인 기술력에서 나온다는 것이 큰 매력으로 다가왔습니다.

그리고 실제로 범우 가족이 된 지금, 제 선택이 옳았다는 생각이 듭니다. 수평적인 분위기도 좋지만 우리사주제도, 사내근로복지금 제도 등 임직원에게 실질적으로 도움이 되는 복지제도들을 운영하고 있다는 점이 상당히 만족스럽습니다. 또한 '성실납세자' 표창 등에서도 엿볼 수 있듯 '다소 돌아가더라도 올바른 길로 간다'는 이념을 실천하는 회사라는 점에도 자긍심을 느낍니다.

#5
가공유 · 자동차 부품

성우하이텍

∙ ∙ ∙

성우하이텍

기본정보

업종
제조업
절삭유, 자동차용 차체 부품 등

매출
3조 5,214억 원

지역
부산, 경남 양산

임직원수
1,400명

근속연수
평균 8년

주소
부산광역시 기장군 정관읍 농공길 2 - 9
전화: 070 - 7477 - 5000

채용정보

홈페이지 www.swhitech.com

채용요건 대졸

채용분야 영업, 생산, 구매, 기획, 품질, 연구개발 등

채용전형 서류전형→면접

채용계획 정기채용(하반기)

부가정보

복리후생 통근버스 운영, 질병상해지원금, 학자금 지원, 상조회, 근로복지기금, 한마음행사, 지정병원 운영, 임직원 호프데이, 개인 기념일 선물 제공, 체육복지시설 운영, 자가운전자 차량유지비 지원, 지역호텔 제휴 및 콘도 운영, 사내 동호회 지원

보상제도 장기근속 포상휴가, 자랑스러운 성우인상, 모범상, 품질문제 신고포상

경력개발 지원제도 외국어 교육 지원

성우하이텍 공장 전경

기업 소개

성우하이텍의 사회공헌활동 중 하나인 희망의 김장 나누기 행사

　1977년에 설립된 성우하이텍은 자동차 차체부품 전문 제조회사다. '최고의 품질이 최선의 영업이다'는 경영철학을 바탕으로 인도, 중국, 체코, 슬로바키아, 러시아, 우즈베키스탄, 독일, 멕시코 등 세계 8개국에 생산기지를 가동하고, 2015년 연결공시 기준 3조 5,214억 원의 매출액과 4억 불의 수출액을 달성했다.

　성우하이텍은 1994년 연구개발센터를 설립하여 국내외 620건 이상의 특허를 등록하는 등 고부가가치 제품 개발에 주력하고 있으며, 불량률 제로에 도전하는 품질경영시스템을 통해 고객을 지향하는 무결점·감성 품질관리에 최선을 다하고 있다.

　'일과 삶의 균형을 통해 자기 보람과 미래 비전을 공유하는 회사'

라는 비전을 실천하기 위해 성우하이텍은 유연근무 정착과 스마트공장 실현에 매진하고 있다. 또한 '직원들이 작은 것에서부터 만족할 때 회사의 경쟁력은 결정된다'는 믿음으로 사내 근로복지기금 등을 운영하며 직원들의 생활 안정을 도모하고 있다. 직원 개인의 질병과 상해를 보험사가 아닌 회사 자체기금으로 지원하는 질병상해지원금도 운영하고 있다.

성우하이텍의 기업시민 정신은 매년 마라톤대회와 지역의 여러 문화축제 후원 등 각종 사회공헌활동으로도 이어진다. 또 지역의 소외계층을 돕기 위한 다양한 활동에도 적극 동참하고 있다. 임직원들도 매월 장애아동 목욕 봉사활동에 참여하고 있으며, 급여의 일정 부분을 '성우공동모금'으로 조성해 지역 초등학교에 정기적으로 후원하고 있다.

성우하이텍 임직원들의 정기적인 장애아동 목욕 봉사활동

현장의 목소리

임원 인터뷰 이문용 각자대표

성우하이텍은 1977년 창립 이후 '최고의 품질이 최선의 영업이다'는 경영철학을 세우고 자동차 차체부품 제조회사로서 혁신적인 신기술 개발과 고객지향의 무결점·감성 품질관리에 매진하고 있습니다.

또 '일과 삶의 균형을 통해 자기 보람과 미래 비전을 공유하는 것'에서 100년 기업의 가치를 찾고 있습니다. 유연한 사고를 바탕으로 창의적인 아이디어가 별처럼 쏟아지는 회사, 사랑과 칭찬이 넘치는 참신한 조직으로 지속성장이 가능한 훌륭한 회사를 만들기 위해 성우하이텍의 직원들은 매일 노력 중입니다. '자기 일을 즐길 줄 알고 스스로 일을 찾아 기꺼이 해내는 성우인', '양심적이고 투명하며 누구나 신뢰할 수 있는 성우인', '지적이면서도 겸손하고 자기계발을 통해 탁월한 업무성과를 창출해내는 성우인', 이것이 성우하이텍이 요구하는 스마트한 인재입니다.

직원 인터뷰 윤재준 사원

국내는 물론이고 글로벌 비전을 가지고 해외에까지 진출하는 성우하이텍에 매력을 느껴, 처음부터 평생직장으로 삼고자 마음먹고 취업을 준비했습니다. 그 결과 희망하던 성우하이텍에 입사했고, 실제로 일을 하면서도 선택을 후회하지 않습니다.

저희 회사의 가장 좋은 점 중 하나는 직원들에 대한 지원입니다. 성우하이텍은 '소통', '관심', '상생'이라는 따뜻하고 건강한 노사문화를 기반으로 행복하고 안전한 일터를 지향합니다. 따라서 직원들을 위한 근로복지기금, 질병상해지원금 등 복지제도도 잘 마련돼 있습니다.

현대공업

◆◆◆

기본정보

업종	매출	지역
제조업 암레스트, 헤드레스트, 사이드볼스터, 자동차 내장재 등	**1,970억 원**	**울산 북구, 충남 당진**

임직원수	근속연수	주소
237명	**평균 10년**	울산광역시 북구 매곡산업 5길 28 전화: 052 - 278 - 1848

채용정보

홈페이지 www.hdi21.co.kr

채용요건 대졸

채용분야 관리직, 기능직 등

채용전형 서류전형→면접→건강검진

채용계획 수시채용

부가정보

복리후생 식대 제공(조·중식), 건강검진, 자녀학자금 지원, 경조사 지원, 유류비 지원, 명절 귀성비
지급, 휴가비 지급, 생일·창립일 선물 제공, 콘도 이용권 지급, 작업복 제공

보상제도 우수사원 포상, 장기근속 포상, 위로여행, 격려금, 정년퇴직자 포상, 성과급

경력개발 지원제도 신입사원 OJT, 직무향상 능력교육

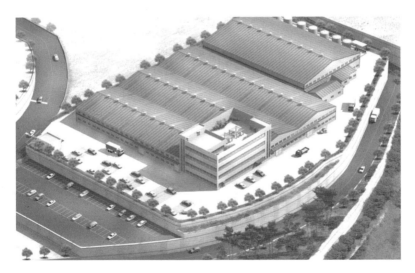

현대공업 공장 신축 조감도

기업 소개

현대공업 직원 단체 워크숍 행사

1969년, 우리나라 자동차산업의 메카인 울산에 설립된 현대공업은 50여 년의 역사를 지닌 자동차 내장재 전문기업이다. 현대공업은 당시 현대자동차에서 생산하는 버스 1호차에 자동차시트를 납품하며 현대기아차와 오랜 동업 관계를 구축했다.

크게 차량 운전석과 뒷자석의 팔지지대인 암레스트Arm rest, 시트 쿠션과 등받이인 시트패드Seat pad, 좌석 머리 지지대인 헤드레스트Head rest, 코너링 시 상체를 지지해주는 역할을 수행하는 사이드볼스터Side bolster 등을 생산하고 있다.

현대공업은 경쟁사 대비 뛰어난 기술력을 갖추고 있다. 단순히 자동차 부품 생산과 조립만 진행하는 다른 기업들과는 달리 초기 차량

현대공업 연구소 내부

프레임 및 내장 부품 설계 기술까지 가지고 있는 것이다.

실제로 디자인 설계, 시뮬레이션, 자체테스트 등에 관한 지적재산
권 35건을 보유하고 있다. 이러한 높은 기술력을 통해 현대공업은 단
순히 제작만 진행하는 경쟁사 대비 높은 시장점유율과 수익성을 달
성하고 있다. 보통 자동차 부품 업계의 평균 이익률이 3~4%인데 반
해 현대공업의 2013~2015년 3개년 평균 영업이익은 9%, 당기순이익
7%에 달한다.

더불어 현대공업은 한국과 중국 내 이원화된 생산기지를 통해 유
연한 생산능력을 갖추고 있다. 국내에는 본사가 위치한 울산 공장과
더불어 2001년에는 현대자동차 아산 공장의 수요에 대응하기 위해
같은 지역에 공장을 설립했다. 또 현대기아차의 해외 진출에 맞춰 중

국에도 공장을 설립했다. 여러 해외 시장 중에서도 향후 높은 성장성이 기대되는 중국 시장으로 선택과 집중 전략을 구사한 것이다.

중국 공업정보화부에 따르면 2013년 중국의 자동차 생산량과 판매량은 전년 대비 각각 14.3%, 13.5% 증가했다. 미국, 유럽 등 선진국보다 자동차보급률이 낮아 세계 최대 자동차 시장이 될 것으로 예상되는 중국은 현대공업의 글로벌 진출에 발판 역할을 할 전망이다.

자동차산업 트렌드가 어떠한 방향으로 변화하더라도, 자동차 시장이 존재하는 한 현대공업은 영속적인 사업성을 지니고 있다. 예를 들어 자동차 시장이 인체공학적이고 감각적인 설계를 중시하는 방향으로 변함에 따라, 현대공업은 감성을 더하면서도 사용자 편의성을 높인 내장재를 제작하고 있다.

현장의 목소리

임원 인터뷰 강현석 대표이사

현대공업은 국내 최장수 자동차 부품업체로 50여 년을 이어온 전통 있는 기업입니다. 현대자동차가 생산하는 버스 1호차의 시트 납품을 시작으로 다양한 자동차 내장재를 개발 및 생산하고 있습니다. 현대공업은 오랜 역사를 자랑하지만 변화에 발 빠르게 대응하는 인재를 선호합니다. 치열한 시장에서 이처럼 오랫동안 명맥을 유지할 수 있었던 이유도 누구보다 빠르게 변화를 감지하고, 고객 만족을 위해 노력했기 때문입니다. 최근 자동차 시장은 고부가가치 모델 위주로 변화하고 있고, 이에 따라 자동차 내장재 시장도 높은 기술력이 필요한 고부가가치 산업이 되고 있습니다. 이러한 변화를 이끌어 갈 글로벌 인재와 함께하고 싶습니다.

직원 인터뷰 안병민 사원

처음 현대공업에 입사해 가장 놀라웠던 점은 사내 분위기가 자유롭다는 점이었습니다. 그만큼 직원들의 애사심은 높고 임직원 간의 단결력이 매우 강합니다.

'공존공영'을 모토로, 고객만족과 선진화된 기술 개발에 매진하는 직원들과 일하면서 저 역시 한 뼘 더 성장한 것 같습니다. 뿐만 아니라 직원들 입장에서 생각하고, 제공되는 다양한 복리후생은 회사를 단순한 일터가 아닌 제2의 보금자리로 느끼게 해주었습니다.

현대공업은 이제 프리미엄 자동차 내장재 전문기업으로 탈바꿈하고 있습니다. 저는 회사가 걸어온 50여 년만큼 향후 50여 년도 꾸준히 성장해나가고 싶습니다. 같은 도전을 하고 싶은 분들에게 현대공업의 새로운 가족이 되기를 추천드립니다.

INTERVIEW

신입사원이 말하는 "나는 이렇게 취업했다"
Vs. 인사 담당자가 전하는 "이런 사람을 원한다"

··· ❶ 재무 부문 - 바이오스마트

재무팀 김소연 사원

"밝고 적극적인 태도는 어디서나 환영받죠."

   재무 분야는 상경계열의 취업준비생들에게 인기 있는 직무지만 업무 범위가 광범위한 편이다. 따라서 구직자들의 입장에선 실제로 어떤 일을 하는지, 필요한 역량은 무엇인지 쉽게 감이 오지 않는다. 재무팀 신입사원의 일상을 살펴보기 위해 카드 제조 전문회사이자 국내 1위 스마트카드 업체인 바이오스마트 재무팀의 김소연 사원을 만났다.

Q. 자기소개와 함께 현재 맡은 일에 대해 소개해주세요.

A. 안녕하세요, 바이오스마트 재무팀 신입사원 김소연입니다. 저는 재무팀에서 자금을 담당하고 있습니다. 저는 매일 아침 각 은행별 계좌잔액을 조회하고 오늘 집행할 지출결의서를 추려 자금일보를 작성합니다. 작성된 자금일보는 이사님에게 결제를 받고 오후에 집행하게 됩니다.

자금은 주로 은행 관련 차입, 계열사 간 입보 및 대여 등을 하며 그 외에 3개월 자금수지계획과 예적금 현황 관리, 정기결제 및 경영보고서도 작성합니다.

Q. 현재 맡은 직무에 지원하게 된 동기는 무엇입니까?

A. 대학 때부터 회계 분야에 관심이 많아 꾸준히 관련 공부를 해왔습니다. 다양한 재무관리를 경험하며 실무를 접하고 있는 지금은 업무 하나하나를 제 것으로 만들기 위해 배우면서 일하고 있습니다. 신입사원이기에 이 모든 과정이 재무 분야의 전문가가 되기 위한 기초작업이라고 생각합니다.

Q. 재무팀 신입직원에게 필요한 역량은 무엇이라고 생각하나요?

A. '실무에서 활용할 수 있는 회계지식'이 아닐까 싶습니다. 대학교 때 회계를 공부했지만, 이론과 실전은 많이 달랐습니다. 회사가 직무능력 향상을 위한 직원 교육에 적극적이어서, 입사 후 업무에 필요한 전문교육을 다양한 교육기관을 통해 꾸준히 배우고 있습니다.

Q. 취직을 위해 가장 열심히 준비한 부분은 무엇입니까? 또 그것을 어떻게 준비했는지 알려주세요.

A. 회사의 주요사업과 원하는 인재상에 대한 개념을 확실하게 잡고 가는 것이 가장 중요하다고 생각합니다. 자기소개서를 준비하는 단계부터 회사 홈페이지에 접속해 다양한 정보를 수집했습니다. 지원하는 회사가 무엇을 하는 회사인지, 원하

는 인재상은 무엇인지, 이 회사가 나의 어떤 면을 필요로 하는지에 대해 진지한 고민을 반복했습니다.

실제로 면접을 볼 때 받았던 첫 질문이 '우리 회사가 무엇을 하는 회사인지 아세요?'였습니다. 아무리 많은 곳에 지원서를 넣고, 바쁘게 면접을 본다고 하더라도 기본적인 회사에 대한 정보는 숙지하고 가는 게 회사에 대한 매너인 동시에 성공적인 취업을 위한 기본 자세라고 생각합니다.

Q. 회사에서 자신을 뽑은 이유가 무엇이라고 생각합니까?

A. 적극적인 자세와 밝고 당당한 의사표현이 취업에 성공한 가장 큰 비결이 아닐까 싶습니다. 조금 떨리고 긴장되더라도 면접관의 질문에 웃으면서 끝까지 소신 있게 답한다면 좋은 인상을 남길 수 있지 않을까요.

Q. 신입사원으로서 어떤 자세로 일에 임하고 있습니까?

A. 스스로의 발전을 위해 새로운 것을 적극적으로 받아들이고 배우려 합니다. 특히 저희 회사는 여러 계열사가 있다는 특성상 재무·회계에 대한 다양하고 종합적인 현장경험을 쌓을 수 있어 좋습니다.

Q. 바이오스마트에서 일하면서 느낀 장점은 무엇입니까?

A. 무엇보다 업계 평균에 비해 높은 연봉입니다. 그 다음은 자율적인 조직문화로, 기대했던 것 이상이었습니다. 바이오스마트는 장기근속자들이 많아 근무 분위기가 유연하고 자유로운 소통문화가 조성돼 있습니다. 또한 그룹의 모든 계열사들이 한 사옥에 모여 있어, 사내 동호회 활동 등으로 폭넓은 네트워크를 쌓을 수 있습니다.

Q. 예비 지원자들에게 조언을 해준다면?

A. 어느 회사나 마찬가지라고 생각하는데요. 회사는 개인적인 능력만큼 이 사람이 우리 회사에 잘 어울릴 수 있는지를 중요하게 보는 것 같습니다. 밝고 적극적인 태도는 어디서나 원하는 인재상이니 면접에 임할 때에도 밝고 자신감 있는 모습을 보여주는 게 가장 중요하다고 생각합니다.

관리본부 인사팀 이영 차장

"직무에 관한 적합도를 가장 중요하게 봅니다.
지원자 특유의 매력을 발산하는 자기소개서가 좋아요."

바이오스마트의 채용과정은 크게 1차 서류전형, 2차 면접전형, 입사를 전후로 한 각종 교육으로 나뉜다. 그중 채용관련 실무를 담당하는 인사팀의 이영 차장을 만나 바이오스마트가 원하는 '스마트한 인재'의 조건을 알아봤다.

Q. 채용과정에 대해 소개해주세요.

A. 바이오스마트의 채용과정은 채용공고 등록 → 1차 서류전형 → 2차 면접전형 → 합격자 통보 및 입사 전 사전교육 → 입사 후 현장교육 이수입니다. 기업 대부분이 비슷한 과정으로 채용을 진행하고 있는 것으로 압니다.
제출서류는 입사지원서, 자기소개 및 경력기술서입니다. 서류 합격자들을 대상으로 해당 부서의 팀장과 본부장의 1차 면접을 거치고, 임원진의 최종면접인 2차 면접을 봅니다. 면접에서는 관계형성 및 의사소통능력, 문제해결능력 및 표현력 등을 평가하며, 약 45분이 소요됩니다.

Q. 원하는 인재상은 무엇입니까? 또 구직자와 신입직원들에 기대하는 점은 무엇입니까?

A. 바이오스마트의 인재상은 '창조인', '세계인', '학습인', '사회인'으로 집약되며 건전한 가치관과 애사심을 갖고 좋은 기업을 만들겠다는 의지와 실천력을 갖춘 사람, 항상 공부하는 자세로 세계화에 능동적으로 대처하며 자기 업무의 전문성을 키우는 사람, 회사 발전을 통해서 자신도 성장한다는 신념으로 자기관리에 힘쓰며, 회사와 자신의 미래를 준비하고 발전시키는 사람입니다.

창의적인 사고를 통해 본인과 회사를 발전시키며, 글로벌 시대에 본인의 능력과 독창성을 발휘할 수 있는 신입사원이 회사의 미래를 책임진다고 생각합니다.

Q. 채용과정에서 구직자의 어떤 점을 가장 중요하게 평가합니까?

A. 채용 직무에 관한 적합도를 가장 중요하게 보며, 다양한 질문으로 인성을 함께 평가합니다. 동아리 활동이나 봉사활동 등 다양한 외부활동과 수상내역 등을 통해 자신만의 독특한 매력을 발산해내는 자기소개서를 선호하는 편입니다. 또한 TOEIC 등의 외국어 점수와 대학 평균 학점 등도 검토합니다.

Q. 각 전형단계별로 어떻게 평가를 실시합니까?

A. 1차 서류전형에 합격하면 바이오스마트 면접평가표에 근거하여 지원자를 평가합니다. 채용요청 부서 본부장과 임원이 최종면접자로 참가하며, 직무수행의 적합성, 개인성향 평가 및 해당부서의 적합성 등을 평가합니다. 총 50점 만점 중 40점 이상의 평가를 받은 지원자에 한하여 입사 검토를 하게 됩니다.

Q. 구직자들에게 던지는 공통 질문이 있다면요?

A. 다음과 같은 질문을 자주 합니다.

첫 번째는 직무의 전문성을 묻는 질문입니다. "지원한 업무에서 요구하는 전문성을 어느 정도 가지고 있습니까?", "가능하면 예를 들어 설명해주세요" 등입니다.

두 번째는 관계 형성과 관련된 질문입니다. "사람들과 관계를 맺을 때 일어나는 스트레스나 어려운 점은 어떤 것입니까?", "문제가 생겼을 경우 당신은 어떻게 극복해 나가시겠습니까?" 등입니다.

세 번째는 의사소통과 관련된 질문입니다. "당신은 어떤 형태의 의사소통을 선호합니까?", "어떤 의사소통이 효과적이라고 느낍니까?" 등입니다.

네 번째는 문제해결 능력을 묻는 질문입니다. "문제를 해결하기 위해 여러 가지 해결안을 모색했던 경험이 있다면 이야기해주십시오" 등이 있습니다.

Q. 인사담당자로서 생각하는 '좋은 자기소개서'와 '바람직한 면접 태도'는 무엇입니까?

A. 중구난방식으로 서술하는 자기소개서보다는 한눈에 들어오도록 자신의 장점을 기술하는 자기소개서를 선호합니다. 큰 제목을 달아 글을 성격별로 분류하면 알아보기 쉽고, 눈에 띄는 문구를 통해 자신을 표현하는 지원서에 아무래도 먼저 손이 가는 편입니다. 지원서의 사진 또한 활짝 웃고 있는 것일 때 눈길이 갑니다. 면접에서는 면접자의 눈을 피하지 않고, 부드러운 말투로 대답하는 것, 유연한 태도를 지니는 것이 좋은 태도라고 봅니다. 질문의 요점을 정확히 파악하여 간결하게 답변하며, 말끝이 흐려지지 않는 지원자를 선호하죠. 본인의 장점을 자신 있게 표현할 줄 알며 적극적이고 긍정적인 마인드를 지닌 지원자가 면접 시 여러 모로 유리합니다.

Q. 인사담당자로서 기억에 남는 지원자가 있다면요?

A. 좋은 스펙을 가졌지만 차갑고 소극적인 태도를 지닌 지원자보다는 긍정적인 에너지가 눈에 보이는 지원자가 기억에 남습니다. 밝은 웃음과 자신 있는 말투로 본인의 장점을 또박또박 표현하는 지원자를 채용했을 때, 보통 실패하지 않았습니다.

Q. 채용과정에서 우대하거나 가산점이 주어지는 요소는 무엇입니까?

A. 채용 분야와 연관성이 있는 학과 출신의 지원자를 우대합니다.

Q. 인사 담당자로서 입사 지원자들에게 해줄 수 있는 조언은 무엇입니까?

A. 요즘 사회는 창의적인 발상과 자신만의 독창적인 매력을 발산하는 지원자를 선호하고 있습니다. 또한 긍정적이고 적극적인 에너지로 조직에 활기를 불어넣을 것 같은 지원자면 더할 나위 없이 좋습니다. 지원서와 자기소개서를 자신 있게 작성하세요. 실전에서 부드러운 말투와 따뜻한 눈빛으로 본인의 생각을 분명하게 전할 수 있도록 평소 면접 준비를 해두시면 큰 도움이 됩니다. 저희 회사의 문은 항상 열려 있습니다. 취업준비생 여러분의 행운을 빕니다.

INTERVIEW

신입사원이 말하는 "나는 이렇게 취업했다"
Vs. 인사 담당자가 전하는 "이런 사람을 원한다"

·· ❷ 경영기획 부문 - 아주산업

경영기획팀 서진오 매니저

"직장인 선배들의 멘토링을 받아 자기소개서를 첨삭받았고, 모의면접
을 진행한 게 큰 도움이 됐습니다."

경영기획 분야는 대개 신입으로 들어가기 어려운 직무 중 하나로 손꼽힌다. CEO
등 경영진들에게 필요한 정보를 전달하기 위한 철저한 시장조사, 사업 현황 분석 등
이 요구돼 경력직을 선호한다. 그런 어려움을 뚫고, 국내 레미콘 '빅3'인 아주산업의
기획부서에 신입으로 입사한 경영기획팀 서진오 매니저를 만났다.

Q. 자기소개와 함께 현재 맡은 일에 대해 소개해주세요.

A. 저는 아주산업 경영기획팀에 신입으로 입사해 근무 중인 서진오 매니저입니다. 기획팀은 경영자에게 적합한 정보를 제때 제공하기 위한 일들을 주로 하고 있다고 보시면 됩니다. 매달 마감이 끝나면 그 달의 관리손익을 보고한다든가 예산을 통제하는 등의 일을 하고 있습니다. 저희 회사는 공식적으로 8시 출근이지만, 저는 신입이기도 하고 주관하는 회의도 많아서 30분 정도 일찍 출근해 미리 업무 준비를 합니다.

Q. 현재 맡은 직무에 지원하게 된 계기는 무엇입니까?

A. 사실 처음부터 기획팀에서 커리어를 시작하게 될 줄은 몰랐어요. 대학 때도 정치와 통상학을 전공했기 때문에 무역회사에서 일하고 싶다고 막연히 생각했었거든요. 인턴도 컨설팅 관련 업체에서 했고요. 기획팀에서는 신입 자체를 거의 안 뽑는다는 말을 많이 들었습니다.

하지만 관심 있는 기업 중 하나였던 아주그룹 홈페이지를 주기적으로 확인했고, 몇 년 만에 기획팀에서 신입을 모집하는 공고를 보고 지원해 운 좋게도 이곳에서 일을 시작하게 되었어요. 지금 맡은 업무 중 하나가 해외법인 관리 및 지원 업무이기 때문에 평소에 꿈꿔오던 해외관련 업무를 하고 있다고 봐도 될 것 같아요.

Q. 경영기획팀 신입직원에게 필요한 역량은 무엇입니까?

A. 다른 부서도 비슷하겠지만 특히나 기획팀은 무엇이든 많이 알수록 좋은 것 같아요. 또 다른 부서와 커뮤니케이션도 해야 하는 부서이기 때문에 소통 능력도 중요합니다. 인턴으로 컨설팅 관련 업무를 했던 경험이 도움이 된다고 느낍니다. 또한 아무래도 숫자를 다루는 업무가 많은 편이다 보니 엑셀 프로그램을 잘 다루면 도움이 됩니다. 회의가 많은 탓에 파워포인트 프로그램도 자주 사용합니다.

Q. 회사에서 일하면서 느낀 점은 무엇입니까?

A. 막상 입사하고 나면 취업을 준비하던 시절에 했던 고민이나 생각들은 잊게 되는 것 같아요. 입사 전에는 '이런 게 하고 싶다'라고 꿈꿨지만 사실 회사에서는 신입에게 그렇게 많은 것들을 요구하거나 기대하지도 않고, 당장 시켜주지도 않더라고요. 나에게 필요한 역량이 무엇인가, 내가 지금 무슨 일을 하고 있는지를 생각하면서 주어진 일들을 묵묵히 하는 자세가 중요한 것 같아요. 취업준비생일 때 가장 바쁜 줄 알았는데, 입사하고 보니 해야 할 게 더 많네요. 항상 시간이 부족한 느낌입니다.

Q. 취직을 위해 가장 열심히 준비한 부분은 무엇입니까? 또 그것을 어떻게 준비했는지 알려주세요.

A. 아무래도 취업에는 상대적인 요소들이 많이 작용하기 때문에 스터디나 멘토링 활동을 했던 것이 도움이 되었습니다. 자기소개서나 면접 모두 자기 자신의 시각에서만 보면 한계가 있거든요. 다른 이들의 조언을 통해 보이지 않던 것들도 볼 수 있고, 다른 사람을 평가하며 자신의 문제점이나 부족한 부분도 알 수 있게 됩니다. 실제로 저는 직장인 선배들과 멘토링 활동을 하면서 받았던 자기소개서 첨삭과 모의면접이 많이 도움되었어요.

Q. 회사에서 자신을 뽑은 이유가 무엇이라고 생각합니까?

A. 이건 제가 답변하기 힘든 부분 같지만, 자세를 잘 봐주셨다고 생각해요. 회사에서 신입사원에게 뭔가 대단한 능력을 기대하고 뽑지는 않아요. 신입 수준에서 잘해봤자 얼마나 잘하겠어요. 결국에는 하나씩 가르치고 키운다고 생각하고 뽑는데, 그때 잘 따라올 자세가 되어있는지, 우리 회사와 성향이 맞는지 등을 중점적으로 보시는 것 같아요. 그런 점에서 열심히 하고자 하는 의지를 어필했던 게 좋은 점수를 받지 않았을까 추측해봅니다.

Q. 최종합격에 성공한 자신만의 노하우나 비결이 있다면요?

A. 절대로 혼자서 준비하지 않으셨으면 해요. 친구든 선배든 다른 사람의 의견을 들어보는 과정이 굉장히 중요하거든요. 물론 그 의견에 너무 휘둘리는 것도 좋지 않지만, 취업 준비만큼은 혼자서 하지 말았으면 합니다.

회사도 결국엔 조직생활이거든요. 자신의 이야기를 남들에게 들려주고 평가받는다는 기분이 들어서 내키지 않을 수도 있어요. 그러나 취업도 결국 누군가와 함께 생활하기 위한 일련의 과정들이라고 생각하면, 어울리려는 노력이 필요하다고 생각합니다.

Q. 채용과정에서 인상적이었던 점은 무엇입니까?

A. 사실 모의면접을 해봤음에도 당시에는 너무 떨어서 무슨 질문을 받았는지, 그리고 제가 어떻게 대답했는지 잘 기억이 나지 않아요. 기억에 남는 질문이 하나 있다면, 당시 면접관으로 참석하신 저희 팀장님께서 안경은 쓰지 않냐고 여쭤보신 겁니다. 그래서 혹시나 하고 첫 출근 날 안경을 쓰고 갔어요. 나중에 그런 질문을 하셨던 이유를 여쭤봤더니 모니터를 하루 종일 들여다봐야 하는 일 특성상 팀원들이 모두 안경을 써서 한번 물어봤다고 하시더라고요.

면접관 입장에서는 경직된 것을 풀어주고자 가볍게 던진 질문이었는데, 긴장해서 괜히 저 혼자 움찔했던 것 같아요. 사실 면접을 보는 입장에서는 긴장이 될 수밖에 없지만요. 이렇게 질문을 던지는 면접관도 똑같은 사람이라는 점을 잊지 말고, 조금은 여유를 가지고 임하는 자세가 필요한 것 같아요.

Q. 예비 입사지원자들에게 조언을 해준다면?

A. 주변에 취업준비생들이 많기 때문에 지금 시기가 얼마나 힘든지 잘 압니다. 한 코미디 작가가 이런 말을 했어요. "네가 힘든 걸 안다고 해서 내가 안 힘들어지는 건 아니다." 다들 힘들다고 해서 내가 덜 힘든 건 아니거든요. 단지 제가 드리고 싶은 말은 그런 힘든 시간들도 다 소중한 경험이라는 것이에요.

무책임하게 들릴 수도 있지만, 사실 정말로 시간이 지나고 나면 힘들었던 시간 동안 자신이 한 단계 더 성장했다는 사실을 느낄 수 있어요. 많이 들어서 지겨운 말일 수도 있지만, 힘겨운 시간들 또한 다 소중한 경험이라고 생각하고 잘 이겨내시길 바랍니다. 절박한 상황에서도 오히려 여유를 갖는 게 중요해요. 힘든 시기지만 오히려 본인을 다시 한 번 되돌아볼 수 있는 시간을 가지셨으면 좋겠습니다.

Q. 현재 업무 외적인 자기계발은 어떻게 하고 있습니까?

A. 저는 사실 입사한 뒤 이전보다 더욱 바쁘게 살고 있습니다. 제가 부족하다고 느끼는 회계, 엑셀 등은 퇴근 후에 인터넷강의를 통해 보충하고, 주말에는 외국어 학원을 다니고 있어요. 그 와중에 회사에 앉아 있는 시간도 많고, 회식도 가끔 하다 보니 살이 쪄서 운동을 해야겠다는 생각이 듭니다. 요즘에는 정말 몸이 하나 더 있으면 좋겠다는 생각을 수없이 합니다.

어디서든 인정받고 싶다면 꾸준히 노력해야 된다고 생각합니다. 지금 내가 있는 곳에서 인정받지 못한다면 다른 곳에 간다 한들 별반 달라질 건 없지 않을까요? 5년 뒤, 10년 뒤에 제가 어느 자리에 있을지는 모르겠지만, 어디서든 최소한 하는 일에 대해서 제 자신이 부끄럽지 않고싶습니다.

HR팀 김봉준 매니저

"지원자 중 논리적인 사고와 진취적인 표현으로
자신감 있게 대답하는 사람은 거의 채용되는 것 같습니다."

아주산업의 채용과정은 크게 서류전형, 성향검사(PI설문), 면접, 신체검사 순으로 진행된다. 채용관련 실무를 담당하는 HR팀의 김봉준 매니저를 만나 그들이 '아주 원하는 인재'의 조건을 알아봤다.

Q. 채용과정에 대해 소개해주세요.

A. 아주산업의 채용 프로세스는 서류전형 → 성향검사 → 면접전형 → 신체검사 순으로 진행됩니다.

본사 채용 사이트에 잡코리아나 사람인 등 외부 취업 사이트를 연계하여 모집공고를 하거나 외부 취업 사이트를 통해 인사담당자가 직접 적합한 인재를 검색해서 서류전형 후 면접을 진행합니다.

지원자들은 본사 채용 홈페이지에서 입사지원서를 작성하면 됩니다. 채용공고 마감 후 일주일 이내에 서류전형 합격자에 한해서 개별 연락을 합니다. 성향검사 결과를 바탕으로 면접 때 심층질문을 합니다. 면접은 주로 인사담당자 및 모집 분야의 임원이 면접관으로 참여하는 형태로, 약 30분간 진행됩니다.

Q. 원하는 인재상은 무엇입니까? 또 구직자와 신입직원들에 기대하는 점은 무엇입니까?

A. 저희 회사의 인재상은 회사의 5대 핵심가치인 '배우는 인재', '따뜻한 존중', '창조적인 혁신', '행동하는 열정', '함께하는 성장'을 이해하고 적극적으로 실천하는 아주인입니다.

특히 신입직원에게는 '배우는 인재'로서의 역할이 가장 중요하다고 생각합니다. 저희는 끊임없이 학습하여 업무에 적용하고, 최고를 지향하는 아주인을 찾고 있습니다.

Q. 채용과정에서 구직자의 어떤 점을 가장 중요하게 평가합니까?

A. 특히 배우고자 하는 자세, 인성, 열정, 자신감이 중요하게 생각합니다. 면접을 진행하다 보면 논리적으로 사고하고, 자신감 있고 진취적으로 표현하는 사람을 만나게 됩니다. 그런 사람은 거의 채용했던 것 같습니다.

Q. 각 전형단계별로 어떻게 평가를 실시합니까?

A. 서류전형과 면접전형은 별도로 이루어지며, 면접전형은 인사담당 및 모집 분야의 임원 및 팀장이 면접관으로 참여하여 인성과 적성, 직무 전문성(적합성)과 함께 핵심가치에 부합되는지를 종합적으로 평가해 선발합니다.
업무적인 측면에서는 보유 기술, 전문지식, 활용도, 창의력 등의 요소를 평가하고, 인성적인 측면에서는 태도, 예절, 팀워크를 평가합니다. 적성면에서는 조직적응력, 장기근속에 관련된 사항, 입사 시 장래성 등을 평가합니다.

Q. 구직자들에게 던지는 공통 질문이 있다면요?

A. 본인소개, 장래희망, 꿈 등 지원자에 대한 질문과 우리 회사에 입사해야만 하는 이유, 본인만이 가지고 있는 경쟁력 등에 대해서 질문합니다. 주로 지원자가 당황하지 않고 논리정연하게 대답하는지를 확인합니다.

Q. 인사담당자로서 생각하는 '좋은 자기소개서'와 '바람직한 면접 태도'는 무엇입니까?

A. 여러 지원자들 중에서 한 명을 선발해야 하기 때문에 형식적인 자기소개서보다 창의적이고, 핵심을 전달하려는 자기소개서가 좋습니다. 면접에서 면접관이 보는 것은 지원자의 말과 행동, 인상 등입니다. 입사 의지와 의욕을 보여주고 올바른 표현, 정확한 발음, 말투를 사용하며 바른 자세를 취하면 좋은 인상을 줄 수 있습니다.

Q. 인사담당자로서 기억에 남는 지원자가 있다면요?

A. 업무적으로 능력 있는 지원자와 우리 회사에 대해서 잘 알고 있는 사람이 기억에 남습니다. 면접 내용이나 회사에 대한 깊이 있는 질문을 하는 지원자는 입사후 업무처리를 꼼꼼하게 잘 처리할 것이라고 긍정적으로 평가하게 됩니다.

Q. 채용과정에서 우대하거나 가산점이 주어지는 요소는 무엇입니까?

A. 서류 전형 때 모집하는 분야의 자격증 유무와 함께 TOEIC 시험 점수를 확인합니다. 자격증과 시험 점수가 모든 역량을 대변해준다고 생각하지는 않지만, 그래도 기본적인 역량은 보유했다고 평가해 가산점을 주고 있습니다.

Q. 인사 담당자로서 입사 지원자들에게 해줄 수 있는 조언은 무엇입니까?

A. 자기만의 특화된 장점과 함께 회사에서 모집하는 분야에 꼭 필요한 사람이라는 사실을 자신감 있는 말투로 면접관에게 어필해주세요. 신입사원이라면 업무수행에 대한 기본지식을 익혔으며, 회사 홈페이지나 기사 등을 통해 지원하는 회사에 대한 정보를 잘 알고 있다는 사실 등을 알리며 면접자에게 본인이 적임자라는 인식을 심어줘야 합니다.

 **INTERVIEW**

신입사원이 말하는 "나는 이렇게 취업했다"
Vs. 인사 담당자가 전하는 "이런 사람을 원한다"

··· ❸ 홍보·마케팅 부문 - 락앤락

커뮤니케이션본부 홍보팀 김경미 사원

"자기소개서에 직무 관련 경험을 최대한 담으려 노력했어요."

마케팅 직무는 커뮤니케이션이 가장 중요하다. 프로젝트를 추진하는 과정에서 사내 커뮤니케이션의 중심에 서서 생산, 영업, 물류, 연구개발, 구매부서와 긴밀하게 협업해야하기 때문이다. 마케팅팀 신입사원의 모습을 알기 위해 국내 최대 밀폐용기 기업이자 주방생활용품 전문 업체인 락앤락의 홍보팀 김경미 사원을 만났다.

Q. 자기소개와 현재 자신이 맡은 일에 대해 소개해주세요.

A. 입사 1년차 마케팅·커뮤니케이션팀의 김경미 사원입니다. 현재 인스타그램, 페이스북과 같은 SNS 채널 관리를 비롯한 온라인 마케팅 업무를 맡고 있으며, 대학생 서포터즈 운영과 사내 커뮤니케이션 업무도 맡고 있습니다.

아침에 출근하면 자사에 대한 기사가 있는지 온라인과 방송을 모니터링하며 업무를 시작합니다. 이후에는 각 SNS 채널별 소비자와 소통하고, 컨텐츠와 이벤트를 기획하며, 대학생 서포터즈의 활동을 지원하기도 합니다.

Q. 현재 맡은 직무로 지원하게 된 동기는 무엇입니까?

A. 대학교 때부터 마케팅과 광고에 관심이 많아 공모전에 출전하고, 대학생 서포터즈 활동은 물론 디지털마케팅 대행사에서 인턴을 하며 이론뿐 아니라 실무까지 익히려 노력했습니다. 스터디를 하며 기업들의 다양한 온라인 마케팅 사례를 찾아보던 중 12개 별자리를 테마로 한 '별자리 애정학'이라는 락앤락 디지털 광고를 접하게 되었어요. 굉장히 신선하면서도 충격적이었습니다.

광고를 이렇게 풀어낼 수도 있구나 싶으면서도, 락앤락이 밀폐용기뿐만 아니라 이렇게 다양한 제품을 출시하고 있다는 사실을 처음 알았어요. 이를 계기로 락앤락이란 회사 매우 궁금해졌고 지원하기에 이르렀습니다. 락앤락에 대한 제 고정관념을 바꿨듯, 소비자의 마음과 생각을 바꾸는 앞서가는 마케팅을 배울 수 있을 것 같아 지원하게 되었습니다.

Q. 홍보팀 신입사원에게 필요한 역량은 무엇이라고 생각 하나요?

A. 마케팅 업무에서 제일 중요한 능력은 '의사소통'이라고 생각합니다. 협력부서나 대행사 등과 업무에 대해 논의하는 경우가 잦아 명확하게 의견을 전달할줄 알아야 합니다. 대학교 때 공모전이나 마케팅 동아리 활동을 하면서 팀원들과 의견을 나누고 조율해나갈 일이 많았는데, 이런 상황을 통해 직접 몸으로 커뮤니케이션 능력을 기를 수 있었던 것 같아요.

Q. 어떤 기대를 갖고 회사에 지원하게 됐습니까? 입사한 뒤로 무엇을 느꼈습니까?

A. 어릴 적부터 집에서 락앤락 밀폐용기를 사용해서 그런지 매우 친숙한 브랜드였습니다. 그러면서도 주부들에게 더 어울릴 법한 '올드한' 브랜드라는 생각도 있었습니다. 하지만 막상 회사에 입사하니 제 또래의 젊은 직원들도 많고, 활기차고 생동감 넘치는 분위기여서 많이 놀랐습니다. 팀원 간 커뮤니케이션이 활발해 자유롭게 의견도 공유하고, 선배들이 피드백도 적극적으로 해주시죠. 편안한 분위기 속에서 일하다 보니 생각지도 못했던 아이디어가 떠오를 때도 많고, 다른 팀원들의 아이디어를 통해 새로운 배움을 얻기도 합니다.

Q. 채용 전형을 어떻게 준비했습니까?

A. 자기소개서에는 직무 관련 경험을 최대한 담으려 노력했습니다. 공모전 활동이나 광고 교육기관에서 수업을 받았던 내용, 홍보대행사 인턴 경험까지 질문항목과 경험을 최대한 연결해 작성했습니다. 기업들이 '경력 같은 신입'을 선호한다는 이야기를 많이 들어서, 면접 때는 제가 지원하는 업무와 관련된 활동사항들을 정리해 별도의 포트폴리오를 제출하기도 했어요. 적극적이었죠. 덕분에 면접관분들이 저를 더 관심 있게 봐주셨던 게 아닌가 합니다. 포트폴리오에 대한 질문도 하셨던 기억이 납니다.

Q. 회사에서 자신을 뽑은 이유가 무엇이라고 생각합니까?

A. 회사에 대해 깊이 관심을 가졌기 때문 아닐까요. 면접을 위해 기업문화나 마케팅을 공부하다 보니, 락앤락에 입사하고 싶은 마음이 더 커졌어요. 주어진 기회를 놓치고 싶지 않은 마음에 예상 질문을 A4용지 한 장 넘게 뽑아서 답변을 준비하기도 했고, 포트폴리오 준비에도 최선을 다했습니다. 이 회사에 꼭 다니고 싶다는 간절한 마음과 회사의 제품에 대한 애정이 면접에서 빛을 발했다고 생각합니다.

Q. 입사 준비에 대한 자신만의 준비 방법과 노하우가 있다면 소개해주세요.

A. 학부시절 경영학을 전공해, 배우는 과목도 많았고 졸업 후 취업할 수 있는 분야도 다양했어요. 하지만 1학년 때부터 마케팅이라는 확실한 목표를 두고 관련 경험을 쌓아왔다는 것이 나름의 노하우가 아닐까 싶습니다. 마케팅과 관련된 다양한 경험들, 업무를 수행하는 데 기반이 되어줄 경험들을 쌓아오다 보니 자기소개서를 쓰거나 면접 때에도 적극 활용할 수 있었습니다.

Q. 채용과정에서 인상적이었던 점은 무엇입니까?

A. 면접 때 요리에 소질이 있냐는 질문을 받았어요. 순간 주방용품을 판매하는 회사니까 잘한다고 거짓말을 해야 할지, 요리는 못한다고 솔직하게 고백하는 것이 나을지 머릿속으로 많은 생각이 스쳐지나갔어요. 결론적으로 솔직하게 라면이나 볶음밥 같은 간편 요리만 잘한다고 대답했고, "하나라도 잘하는 것이 있으면 된다"고 하시며 분위기 좋게 지나갔던 기억이 있습니다. 무엇이든 거짓보다는 솔직하게 있는 그대로를 보여주는 편이 맞다고 생각합니다.

Q. 예비 지원자들에게 조언을 해준다면?

A. 락앤락은 꾸준하게 성장하고 있는 회사인 만큼 신입사원에게 많은 기회가 열려있습니다. 작은 아이디어에도 귀 기울여주고, 의견을 개진할 때마다 적극적으로 지원해줍니다. 단지 누군가를 보조하는 것을 넘어서 때로는 도전적인 업무를 맡게 될 때도 있습니다. 때문에 본인이 지원하는 직무에 대한 폭넓은 이해와 꼼꼼한 준비, 그리고 일에 대한 열정이 꼭 필요합니다. 자신이 희망하는 직무에 대해 깊게 고민하고, 착실히 배워나간다면 락앤락에서 주어지는 성장의 기회는 무궁무진하게 많을 것입니다.

Q. 현재 맡은 업무 외 자기계발을 위해 어떤 일을 하고 있습니까?

A. 사무실에서 앉아 일하는 시간이 많아, 입사 1년 만에 살도 좀 찌고 건강관리가 제대로 안 된다는 느낌을 받아 최근 열심히 헬스를 하는 중입니다. 몸이 건강해야 업무에 집중도 잘 되는 것 같아요.

앞으로는 현재 맡고 있는 온라인 마케팅의 전문성을 더 쌓고 싶습니다. 워낙 트렌드에 민감한 분야이다 보니 기회가 있을 때마다 외부 교육을 신청해 온라인 채널에 대한 공부를 하고 있습니다. 특히 SNS 채널은 락앤락과 20대 젊은 소비자의 중요한 소통의 연결고리가 되고 있어요. 밀폐용기 같은 주방생활용품을 비롯해 물병, 텀블러, 도시락통 등 디자인과 실용성을 겸비한 제품들도 지속적으로 출시되고 있기에 더욱 중요하게 관리하고 있습니다.

경영지원본부 인사총무팀 원유민 과장

"가장 중요한 평가항목은 직무의 적합성과 실행능력입니다.
다양한 경험과 열정을 진정성을 담아 어필하세요."

락앤락의 채용과정은 크게 1단계 서류전형, 2단계 실무진 면접, 3단계 임원진 최종면접의 순서로 이뤄진다. 이런 전체적인 채용 실무를 담당하는 경영지원본부 인사총무팀의 원유민 과장을 만나 알맞은 인재의 조건을 알아봤다.

Q. 채용과정에 대해 소개해주세요.

A. 제출 서류로는 기본적인 이력사항과 간단한 자기소개서 등이 포함된 입사지원서가 있습니다. 서류전형에 통과할 경우 2단계 실무진 면접, 3단계 최종(임원진) 면접을 통해 최종 합격 여부를 가름합니다.

특별한 경우를 제외하곤 서류전형은 접수 마감 후 약 일주일 이내에 결과를 발표합니다. 면접의 경우, 실무진 면접과 최종면접 모두 약 20~30분 가량 소요됩니다. 면접 시 시간 준수는 꼭 부탁드립니다.

Q. 원하는 인재상은 무엇입니까? 또 구직자와 신입직원들에 기대하는 점은 무엇입니까?

A. 락앤락은 전 세계 116개국에 수출하는 글로벌 기업입니다. 작은 밀폐용기 하나로 오늘날 굴지의 종합 주방생활용품 기업으로 성장한 데에 실패에도 굴하지 않는 도전 정신이 있었기에 가능했습니다.

오늘날 중국, 베트남, 인도네시아, 독일 등에 현지법인을 두고 공격적인 마케팅을 펼쳐가고 있기에, 저희 회사가 가장 중요하게 생각하는 인재상은 '열정', '도전', '혁신'의 자세를 가진 분입니다. 특히 신입직원들의 경우 다소 경험은 부족하더라도 그것을 대신할 수 있는 열정과 실행력을 중요하게 생각합니다.

Q. 채용과정에서 구직자의 어떤 점을 가장 중요하게 평가합니까?

A. 여러 가지 요소를 종합적으로 판단하지만, 그중에서도 직무의 적합성과 실행능력입니다. 끊임없이 새로운 판로를 개척하고, 트렌드를 주도해나갈 제품들을 개발해야 하기 때문에 자신의 업무에 최선을 다할 수 있는 인재를 추구합니다.

Q. 각 전형단계별로 어떻게 평가를 실시합니까?

A. 서류평가를 기본으로 실무능력평가, 인성평가, 업무적합성 평가를 합니다. 해외 주재원을 채용할 때 등에는 필요에 따라 어학과 실기능력, PPT 발표 능력 등을 평가하기도 합니다.

Q. 구직자들에게 던지는 공통 질문이 있다면요?

A. 신입직원의 경우 본인이 지원한 직무와 당사에 대한 이해도를 중점적으로 살펴봅니다. 경력직원의 경우 직무와 관련된 경험이 중요하며, 경력기술서를 바탕으로 업무 성취도나 성과물에 관한 질문이 주로 진행됩니다.

Q. 인사담당자로서 생각하는 '좋은 자기소개서'와 '바람직한 면접 태도'는 무엇입니까? 구직자는 어떤 것을 준비해야 합니까?

A. 인사담당자로서 가장 먼저 눈여겨보는 점은 진정성입니다. 회사에 대한 열정과 자신의 비전을 진정성 있게 담아 어필 이 외에 자신만의 강점을 반드시 보여줘야 합니다. 능력뿐만 아니라 자신의 성향이나 다양한 경험, 열정 등을 어필할 수 있도록 준비하면 좋을 것 같습니다.

Q. 채용과정에서 우대를 하거나 가산점이 주어지는 요소는 무엇입니까?

A. 공모전 수상 경력이 있거나 어학능력(베트남어, 중국어, 영어)이 뛰어날 경우 우대하고 있습니다. 신입사원의 경우에는 지원 분야에 관련된 현장 실무경험이 있을 시 가산점을 줍니다.

Q. 인사 담당자로서 입사 지원자들에게 해줄 수 있는 조언은 무엇입니까?

A. 최근 본인의 적성이나 진로는 고려하지 않는 '묻지 마 지원'이 많습니다. 그러나 이런 분들은 확실한 열정과 비전을 가진 구직자와 확실히 차이가 납니다.
해당 직무에 대한 자신의 비전과 경험, 성과 등을 구체적으로 보여주는 것이 좋습니다. 마지막으로 성실하고 정직하게 채용 전형에 임하신다면 좋은 결과가 있으실 거라 생각합니다.

취업 지름길 열어주는
실속 만점 지원 제도

#1

중소기업에 취업하면
받을 수 있는 혜택이 있다?

'모르면 못 받는'
혜택들

◆ ◆ ◆

중소기업에서 꿈을 펼치고자 하는 청년을 위해 정부에서도 '희망사다리 장학사업', '소득세 감면 혜택', '중소기업 취업지원금' 등 다양한 지원책을 마련하고 있다.

중소기업 취업을 전제로 하는 '희망사다리 장학사업'은 교육부와 한국장학재단이 2013년부터 시행하고 있는 사업으로, 중소기업에서 오랫동안 근무할 인재 확보 목적으로 한다. 희망사다리 장학사업은 중소기업에 취업하거나 창업할 계획인 대학교 3·4학년생, 전문대 2학년 재학생에게 등록금 전액과 취업준비장려금(학기당 200만 원)을 지원한다. 지원 규모는 2016년 현재 200억 원이고, 지원 기업은 중소기업에서 매출액 2,000억 원 미만의 초기 중견기업이다.

중소기업 취업을 전제로 장학금을 지원하는 유형에서는 학점인정형 현장실습을 이수한 후 고용계약을 체결한 학생을 뽑는다. 단 취업 전 원활한 업무수행을 위한 기초교육을 이수해야 하고 졸업 후 약정된 기업에서 장학금 수혜기간만큼 근무해야 한다는 조건이 있다.

소득세 감면 혜택은 2012년 신설됐으며, 15~29세 청년이 중소기업에 취업할 경우 취업일로부터 소득세의 70%(한도 150만 원)를 감면받게 된다. 소득세 감면은 2018년 말까지 적용되며, 2015년에 감면 비중이 기존 50%에서 70%로 상향 조정됐다. 중소기업 취업 청년의 초봉이 2,500만 원이라면 3년간 약 50만 원의 소득세 감면 혜택을 받을 수 있는 셈이다.

중소기업 취업지원금은 만 15~34세 이하인 미취업 청년을 대상으로 한다. 중소기업의 인턴 과정을 거쳐 정규직으로 취업할 수 있도록 청년과 기업을 지원하는 사업이다. 이 사업에 참여한 제조업 생산직에게는 300만 원을, 그 외 전 업종 근로자에게는 180만 원을 지원하고 있다. 지원방식은 정규직으로 전환 1개월 뒤에 20%를 주고 6개월 뒤에 30%, 1년 뒤에 50%를 지급하는 방식이다. 근속연수가 길어질수록 지원금 역시 늘어나는 구조다.

또한 취업난이 갈수록 심각해지면서 여러 정부 부처에서 청년 취업을 지원하는 정책을 내놓고 있다. 구체적으로 어떤 프로그램과 정책이 있는지를 다음과 같이 표로 한 눈에 알아보기 쉽게 정리해보았다.

다음 챕터에서는 취업과 창업에 이르는 과정을 순서대로 따라가며 주요 정책들을 소개하려고 한다.

한눈에 살펴보는 청년고용 정책

단계별		정책	지원 내용	시행처 및 홈페이지
진로 지도 컨설팅	어디서 부터 시작할까?	직업적성, 직업가치관 검사	적성과 선호에 적합한 직업 안내	고용노동부 www.work.go.kr
		대학청년고용센터/ 취업지원관	대학 내에서 민간전문가의 취업지원컨설팅 제공	고용노동부 www.work.go.kr/jobyoung
		CAP+ 등 집단상담 프로그램	진로 결정을 위한 직업 탐색, 강점 강화, 면접 실습 등	고용노동부 www.work.go.kr/jobcenter
		여대생커리어개발 지원센터	젠더의식 강화훈련, 커리어코칭, 직무능력훈련 등(매년 3~12월)	여성가족부 www.mogef.go.kr
		청년여성 멘토링	청년여성들이 직업의 미래상을 구축하도록 온오프라인 멘토링 실시	여성가족부 www.mogef.go.kr
		찾아가는 청년버스	청년지원정책 정보 제공, 일자리 및 진로 맞춤 상담 등	청년위원회 pcyg.young.go.kr
실무능력 키우기 (직업훈련)	맞춤형 인재로 성장	청년취업아카데미	대학교와 기업이 협력해 산업현장에서 요구하는 교육과정 제공, 교육비 전액 지원	고용노동부 www.myjobacademy.kr
		내일배움카드	1인당 200만 원 범위 내에서 출석률 80% 이상인 경우 훈련장려금 지원	고용노동부 www.hrd.go.kr
		기술 기능인력 양성	교육 훈련 비용, 훈련장려금 등 지원, 한국폴리텍대학교에서 위탁 실시	고용노동부 www.kopo.ac.kr
		국가기간 전략산업직종 훈련	훈련생에게 훈련장려금 지급	고용노동부 www.hrd.go.kr
		고용계약형 정보보호 석사과정	석사 과정을 기업에서 전액 지원, 참여 기업에서 2년간 의무근무	미래창조과학부 www.kisa.or.kr
		이러닝 인력양성	이러닝 산업 변화 선도를 위한 계층별 전문 인력 양성	산업자원부 edu.kelia.slic.kr
		물 산업 프로젝트 매니저(PM) 양성 사업	이공계 4년제 대학 졸업(예정)자에게 교육훈련(집합+현장+해외교육) 제공	환경부 waterpm.kwwa.or.kr
		물류 전문 인력 양성 지원	물류관련기관으로 선정된 고교, 전문대 대학(원)의 재학생에게 국내외현장실습 제공	국토교통부 www.molit.go.kr
		청년일자리 '오션폴리텍 양성과정'	해기사로의 진출 기회, 일자리 제공, 교육비와 숙식비 전액 국비지원	해양수산부 www.oceanpolytech.or.kr
		취업연계 R&D교육센터 운영	대학 졸업예정자와 제대군인에게 기술교육. 기업실무형 프로젝트를 통한 취업연계 과정	중소기업청 www.mdacademy.or.kr
		중소기업 계약학과	중소기업 취업예정자에게 진학 지원	중소기업청 www.smba.go.kr
일 경험	직접 경험하기	중소기업청년취업인턴제	취업경력 6개월 미만 청년을 대상으로 정규직 전환 시 지원금 업종에 따라 차등 지급	고용노동부 www.work.go.kr/intern
		일학습병행제	취업 후 일터에서 체계적인 이론과 실무 교육 병행	고용노동부 www.bizhrd.net
		청년 강소기업 체험 및 탐방	강소기업을 탐방하고, 참여자에게 월40만 원 수당(식비 및 교통비) 지원	고용노동부 www.work.go.kr/experi
		공공기관 채용형 인턴제	신규인력을 인턴과정에 채용하여 최소 70% 이상 정규직 채용	기획재정부 (각 공공기관 홈페이지)
		국가근로 장학사업	교내, 공공기관, 기업체 등에서 일정 기간 근로를 제공하고 장학금 수여	교육부 www.kosaf.go.kr

단계별		정책	지원 내용	시행처 및 홈페이지
일 경험	어디서부터 시작할까?	문화예술기관 연수단원 지원	문화예술분야 전공졸업자에게 인턴 연수 제공, 연수단원 인건비 지원	문화체육관광부 www.arko.or.kr
		이공계 인턴십	이공계졸업자(공업고·학사·석사)에게 국가 과학기술연구회 소관기관 인턴 기회 제공.	미래창조과학부 www.nst.re.kr
		이공계 전문기술 연수사업	이공계 대졸 미취업자에게 기업연수 등 직업교육 기회 제공	미래창조과학부 snejob.koita.or.kr
		이공계대 인턴십	이공계·농학계 대학 석사학위 소지자에게 농진청 및 소속기관 연수 기회 제공	농업진흥청 www.rda.go.kr
실전 취업 창업 성공	취업 근속 지원	취업성공패키지	개인별 취업지원 계획에 따라 최장 1년간 단계별 취업 지원	고용노동부 www.work.go.kr/pkg
		중소기업 근속장려금	고졸학력 근로자가 신성장 동력산업·뿌리산업 중소기업에 근속할 시 장려금 지급	고용노동부 www.work.go.kr
		서민형 재형저축 도입	고졸 중소기업에게 재직자 재형저축 의무기간 완화	기획재정부 금융세제과 http://www.mosf.go.kr
		중소기업 취업전제 희망사다리 장학사업	요건 충족 시 학기별 등록금 전액 및 취업준비 장려금 200만 원 지원	교육부 www.kosaf.go.kr
	실전 창업 지원	창업인턴제	예비창업자의 창업준비 과정에서 현장근무 기회 제공, 멘토링비용 및 창업자금 지원	중소기업청 www.changupnet.go.kr
		대학생 창업아카데미	학점 인정형 실전 창업강좌 제공 및 창업동아리 활동 지원	중소기업청 www.startup.go.kr
		청년창업사관학교	기술창업에 도전하는 청년창업자를 선발해 기획에서 사업화까지 전 과정 원스톱 지원	중소기업청 start.sbc.or.kr
		창업보육센터	예비창업자 및 창업초기자에게 사업 공간과 경영 정보 등을 제공	중소기업청 www.bi.go.kr
		사회적기업 아카데미	창업전문과정, 실무전문과정, 연구전문과정으로 세분화 운영	고용노동부 www.socialenterprise.or.kr
		창조경제혁신센터	전국 17개 시·도, 지역의 아이디어·기술의 사업화 및 창업 지원	미래창조과학부 ccei.creativekorea.or.kr
해외진출	세계로 간다	해외 취업지원	K-MOVE스쿨·멘토단, 해외취업알선, 해외인턴, 해외취업 성공장려금 등	고용노동부 www.worldjob.or.kr
		청년인턴 등 해외진출 사업	EDCF 해외인턴 파견	기획재정부 recruit.koreaexim.go.kr
		국제금융기구 취업	IMF, ADB, WB 등 국제금융기구 취업정보 제공	기획재정부 ifi.koreaexim.go.kr
		국제기구인사센터	UN 국제기구 취업정보 제공	외교부 www.unrecruit.go.kr
		월드프렌즈코리아	KOICA 봉사단 파견	외교부 www.worldfriendskorea.or.kr
		ODA 청년인턴	KOICA 해외사무소 및 ODA 사업수행기관 인턴 기회 제공	외교부 www.koica.go.kr
		글로벌 현장학습 프로그램	해외 산업현장 실무경험 제공	교육부 www.worldjob.or.kr
		한-미 대학생 취업연수(WEST) 프로그램	해외 산업현장 실무경험 제공	교육부 www.worldjob.or.kr
		해외산림인턴	산림관련대학(원), 전문대 졸업예정자 등, 체제비·왕복항공료 등 지원	산림청 www.forest.go.kr, www.kgpa.or.kr
		글로벌 농업인재 양성	농과계 대학생, 해외농업기술개발(KOPIA) 센터에서 연수 기회 제공	농업진흥청 www.rda.go.kr

자료: 고용노동부, 2015년 기준

#2

취업하기 전,
능력부터 갖추자

중소기업청년인턴제

◆ ◆ ◆

　미취업 청년이 중소기업에 인턴으로 근무할 수 있는 기회를 제공하는 제도다. 청년들은 이후 정규직으로 근무할 가능성을 높일 수 있고, 중소기업은 인건비를 지원받을 수 있다.

．．．

지원 자격　신청 당시 미취업 상태이며, 취업경력 6개월 미만인 만 15~34세 청년.

대상 기업　상시근로자 5명 이상인 중소기업이면 참여할 수 있다(음식업, 숙박업 등은 참여 제한. 벤처기업, 지식기반서비스업 등 일부 업종은 5인 미만 기업도 참여 가능).

지원 내용　해당 사업에 신청한 청년을 고용하는 경우, 기업은 3개월 동안 월 60만 원을 지원받을 수 있다. 인턴 기간 중 정규직으로 전환하는 경우에도 지원금은 제공된다. 청년인턴을 정규직으로 전환하면 제조업 생산직은 1인당 최대 300만 원, 그 밖의 업종은 180만 원을 받을 수 있다. 기업은 인턴지원금 명목으로 인턴 기간인 3개월 동안 월 60만 원, 정규직으로 전환 후 6개월간 고용유지 시 월 65만 원씩 6개월분, 최대 390만 원의 정규직 전환 지원금을 받을 수 있다.

지원 방법
1 고용노동부 중소기업 청년인턴 홈페이지(www.work.go.kr/intern)에 접속
2 개인인턴 신청
3 인턴 자격 심사 및 취업 매칭, 취업 상담
4 사전 직무 교육(1인 8시간)
5 인턴 근무 실시

청년취업아카데미

♦ ♦ ♦

대학 및 고등학교와 정부가 협력해 기업에서 필요한 직업능력을 청년 미취업자에게 교육하고 취업과 창업을 지원한다.

....

지원 자격 전문대를 포함한 대학 졸업예정자(수료 후 6개월 이내 취업가능자), 졸업생(만 34세 이하)이나 일반고 졸업 예정자.

지원 내용 수료 후 6개월까지 취업에 성공할 수 있도록 지원한다. 미취업한 경우에는 수료 후 1년까지 고용 유지 여부를 추적해 지속적으로 관리한다.

교육 과정 금융, IT, 방송 등 다양한 분야의 현장전문가 강사진을 통해 기업이 원하는 실무교육을 제공한다. 특히, 협력대학 재학생이면 청년취업아카데미 과정을 학점으로도 인정받을 수 있다.

신청 방법
1 청년취업아카데미 홈페이지(www.myjobacademy.kr)에 접속
2 교육과정 확인
3 내게 맞는 강의 수강 신청

일학습병행제

◆ ◆ ◆

　기업에서 청년을 학습근로자로 채용해 실무형 인재로 양성하는 제도다. 산업현장에서 요구하는 실무를 체계적으로 훈련시키는 것이 목표다. 교육 훈련이 끝난 후에는 청년들의 역량을 국가나 해당 산업계가 평가해 학력 또는 자격으로 인정해준다.

지원 자격 만 15세 이상의 취업준비생.

지원 내용 학습근로자로 선발되면 근로기준법에 따라 해당기업의 근로자로 인정받아 임금, 해고 등에 있어 일반근로자와 차별 없이 일할 수 있다. 산업현장에서 체계적인 훈련, 학교 등에서 이론교육을 받으며 직무능력을 동시에 쌓을 수 있다. 취업을 위해 불필요한 스펙을 무작정 쌓을 필요가 없게 도와준다. 최단 1년, 최장 4년까지 교육을 받을 수 있다.

지원 방법
1 일학습병행제 홈페이지(www.bizhrd.net)에 접속
2 '참여기업 현황' 코너에서 원하는 회사 탐색
3 해당 기업의 지역 고용센터에 문의해 상세한 취업정보 확인

아는 만큼 보인다!
취업 컨설팅과 기업정보의 세계

취업지원관&대학청년고용센터

◆ ◆ ◆

    취업지원관이란 학생들의 취업역량 강화를 위해 대학에서 채용한 기업체의 인사·노무 경력자와 직업상담사다. 진로상담과 맞춤형 컨설팅 등 다양한 취업지원 서비스를 제공한다.

    각 대학 내 설치된 청년고용센터는 민간 고용서비스 기관의 전문성을 접목해 다양한 취업지원 정보를 안내한다. 해당 학교 학생이 아니어도 청년 구직자면 누구나 방문해 이용 가능하다.

....

지원 자격 청년 구직자 누구나.

지원 내용 진로상담과 직업심리검사를 통해 적성에 맞는 직업을 선택할 수 있도록 돕는다. 고용동향과 일자리 정보를 제공해 청년들이 정보의 부족으로 구직에 어려움을 겪지 않도록 지원한다. 구직자에게는 이력서와 자기소개서 작성, 모의면접 진행 등 구직에 필요한 실질적 도움에 더해 취업 알선과 면접 동행까지 지원받을 수 있다.

지원 방법

1 워크넷 취업지원관/대학청년고용센터 홈페이지에서 취업지원관, 대학청년고용센터 위치 확인
   (전국 약 100여 개 대학에서 취업지원관 제도 운영, 50여 개 대학에서 대학청년고용센터 운영)

2 워크넷 잡영(www.work.go.kr/jobyoung)에 상담 신청

취업성공패키지

◆ ◆ ◆

저소득층, 미취업 청년, 장년 등 취업애로계층을 대상으로 최장 1년간 단계별로 취업지원 서비스를 제공하는 사업이다.

지원 자격 '취업성공패키지1'의 경우, 차차상위(최저생계비 150%) 이하 저소득층과 기타 취업취약계층(여성가장, 결혼이민자, 북한이탈주민, 위기청소년, 신용회복지원자 등) 구직자, '취업성공패키지2'의 경우 청년(만 18~34세)과 최저생계비 250% 이하 중장년(만35~64세) 구직자.

지원 내용 취업상담, 직업능력 증진, 취업알선 등 크게 3단계로 구성된다. 먼저 직업심리검사와 집중상담 등을 통해 개인별 취업활동계획을 세우고 그에 따라 실무 능력 향상을 위한 직업훈련과 인턴십 등을 진행한다. 1단계는 상담을 통해 의욕을 제고하고 경로를 설정하는 단계로 3주~1개월 가량 소요되는데 기초상담, 직업심리검사, 집단상담프로그램으로 구성된다. 패키지1은 최대 25만 원, 패키지2는 최대 20만 원이 참여수당으로 제공된다. 2단계는 직업능력을 증진하는 단계로 최장 8개월이 소요된다. 직업훈련, 중소기업 청년인턴, 창업지원으로 구성된다. 훈련수당으로 6개월간 최대 월 40만 원이 지급된다. 마지막 3단계는 취업알선이 이뤄지는 단계로, 최장 3개월이 걸린다. 패키지1 참가자에 한정해 취업성공수당으로 근속기간과 연계해 최대 100만 원이 지급된다.

지원 방법
1 취업성공패키지 홈페이지(www.work.go.kr/pkg/succ/index.do)에 접속
2 참가신청서 작성 및 필요서류 확인
3 거주지 관할 고용센터(취업지원과)에 방문 또는 우편으로 신청, 온라인 신청
4 선정될 경우 1~3단계 교육 이수

강소기업 체험

◆ ◆ ◆

　취업 준비 중인 만 15~34세 청년들이 1~3개월간 기업, 공공기관, 교육기관, 경제단체, 사회단체 등에서 직장 체험을 할 수 있도록 지원하는 프로그램이다.

지원 자격 청년구직자 누구나.

대상 기업 중앙부처, 지방자치단체, 민간기관 등에서 자체적으로 선정한 우수기업 중 기업 신용도가 높고, 고용안정성이 우수하고, 임금 체불이 없으며 산업재해 위험이 낮은 기업을 체험대상인 강소기업으로 보고 있다.

지원 내용 1일 4시간 체험을 기준으로 식비와 교통비로 월 40만 원의 수당을 지원한다. 관할 고용센터에 신청하면 연수 인증서와 확인서를 받을 수 있다. 강소기업 체험에 참여한 후 3개월까지는 이 서류를 워크넷에서도 출력할 수 있다.

지원 방법
1 워크넷 홈페이지(www.work.go.kr/experi)에 접속
2 '청년 강소기업체험' 메뉴에서 현재 인력 모집 중인 기업 확인
3 체험 프로그램 신청
4 연수생으로 선발되면 약정 체결 후 일정에 맞춰 직장체험 시행

강소기업 탐방

◆ ◆ ◆

   강소기업의 현장을 생생하게 경험함으로써 다양한 직업을 탐색할 수 있도록 돕는다. 진로 선택의 범위를 넓힐 수 있는 좋은 기회를 제공해준다.

....

지원 자격 만13~34세 이하 미취업자. 참가자의 학부모도 동행 가능.

지원 내용 강소기업의 현장을 직접 견학할 수 있는 기회가 마련된다. 기업에 따라 기업이 원하는 인재상 소개, CEO 특강 등을 제공하기도 한다.

지원 방법
1 워크넷 홈페이지(www.work.go.kr/experi)에 접속
2 '청소년 강소기업 체험' 메뉴에서 현재 진행 중인 프로그램 확인
3 탐방 프로그램 신청

#4

백수를 위한 나라는 없다, 해외에서 취업하기

해외인턴

◆ ◆ ◆

　대학생과 청년들이 해외기업 등에서 다양한 인턴 활동을 통해 실무경험을 쌓는 기회를 제공한다.

....

지원 자격　비자 발급이 가능하고 인턴과정 수료 후 해외취업을 희망하는 만 34세 이하의 청년 (참여를 독려하기 위해 기초생활수급대상자를 포함한 최저생계비 150% 이하 계층, 여성가장, 장애인 등 취업취약계층이나 저소득층을 우선 선발).

지원 내용　국가전략분야인 신성장동력, 국제기구, 신흥시장 분야 등 유망업종과 지원자의 희망 분야와 능력에 맞춘 파견국과 기업으로 지원하고 있다. 인턴 과정에 따라 2~11개월로 운영된다. 인턴은 전 세계로 파견되며, 주요 국가로는 미국, 중국, 일본, 영국, 캐나다, 호주, 뉴질랜드 등이 있다.

지원 방법
1 월드잡플러스 홈페이지(www.worldjob.or.kr)에 접속
2 '해외인턴' 메뉴에서 현재 모집 중인 기업 공고 확인
3 관심 가는 기업에 지원

해외취업 알선

◆ ◆ ◆

　　국내 인재를 채용하려는 글로벌 기업과 해외취업을 원하는 구직자를 연결해주는 프로그램이다. 합격자와 해당업체 간 근로계약 체결을 지원하고 출국 시 유의사항까지 상세히 안내해준다.

．．．

지원 자격　해외취업을 희망하는 구직자 누구나.

대상 기업　근무지가 해외에 있는 다국적기업, 국내기업 현지법인, 현지 로컬법인 등 국내 인력 채용을 원하는 글로벌 기업을 대상으로 한다. 전산, 의료, 건설, 기계, 조리, 사무, 무역 등 전 직종의 해외업체가 인력을 요청할 때마다 월드잡에 등록된 인력풀에서 적격자를 선발하고 알선한다.

지원 내용　해외 노동시장 정보와 해외구인업체 정보 등 해외취업 관련정보를 제공한다. 구직상담에서 취업알선, 출국에 이르는 모든 과정에 걸쳐 도움을 준다.

지원 방법

1 월드잡플러스 홈페이지(www.worldjob.or.kr)에 접속

2 이력서와 자기소개서 작성

3 모집 중인 기업 공고 확인

4 관심 가는 기업에 지원

5 이력서를 '공개'로 설정할 시 구인요건과 일치하는 모집공고가 올라왔을 때 안내

K-Move 스쿨

◆ ◆ ◆

청년들에게 특화된 맞춤연수를 통해 해외 진출을 지원하고 취업 알선을 제공한다. 전문 연수기관을 공개 모집해 위탁 운영하는 형태다. 연수비도 일부 지원한다.

. . . .

지원 자격 비자 발급이 가능하고 연수과정 참여에 필요한 교육과 취업을 할 수 있는 만34세 이하의 청년.

지원 내용 IT, 자동차 설계, 한국어 강사 등 다양한 분야에서 경쟁력 있는 직종을 발굴해 단기 3~6개월, 장기 6~12개월간의 연수를 시행한다. 단기 과정의 경우 1인당 최대 580만 원, 장기 과정은 최대 800만 원의 연수비를 지원한다.

지원 방법
1 월드잡플러스 홈페이지(www.worldjob.or.kr)에 접속
2 '해외취업연수(K-Move스쿨)' 메뉴에서 현재 모집 중인 기업 공고 확인
3 관심 가는 기업에 지원

K-Move 멘토단

◆ ◆ ◆

   해외에서 다양한 경험과 노하우를 지닌 멘토가 해외취업을 원하는 청년들의 원활한 정착을 위해 필요한 역량, 생활정보 등에 관해 온·오프라인 멘토링을 제공하는 프로그램이다.

....

지원 자격   해외진출을 희망하는 청년 누구나.

지원 내용   현지의 생활정보와 해당 국가의 주요기업 채용방식 등 정보 제공은 물론 각 기업에서 원하는 글로벌 역량과 이력서 작성, 면접 준비 등 맞춤 취업 노하우를 전수한다. 국내외 멘토-멘티의 만남의 장, 멘토 특강, 기업탐방뿐 아니라 든든한 인적자산이 될 한인기업 등 현지 네트워크도 소개해준다.
멘토단은 코트라(KOTRA)나 코이카(KOICA) 등 유관기관 추천과 일반 공모 방식을 통해 선정하며, 폭넓은 국가와 연령대의 국내 60여 명, 해외 80여 명으로 구성된다.

지원 방법
1 월드잡플러스 홈페이지(www.worldjob.or.kr)에 접속
2 '해외취업연수(K-Move스쿨)' 메뉴에서 현재 모집 중인 기업 공고 확인
3 관심 가는 기업에 지원

K-Move 성공장려금

◆ ◆ ◆

　해외취업에 성공한 청년들의 원활한 현지 정착과 장기근속을 위해 최대 300만 원의 인센티브를 지원한다. K-Move 센터는 해외 진출 공공기관 및 비정부기구NGO, 한인 네트워크, 현지 민간전문 기관 등을 활용해 해외취업의 도우미 역할을 한다. 취업, 창업 카페 등을 운영하며 국내 청년들이 현지에서 겪는 애로사항을 중재하고 정부 차원의 제도 개선도 시행하고 있다. 미국 실리콘밸리, 일본 도쿄, 인도네시아 자카르타, 독일 함부르크, 베트남 호치민, UAE 두바이, 중국 베이징, 싱가폴, 호주 시드니, 캐나다 밴쿠버 등 총 10개 도시에 설치돼 있다.

....

지원 자격　해외에서 연봉 1,500만 원 이상, 1년 이상 근로계약을 한 청년(단순노무직 제외, 워킹 홀리데이 비자는 조건부 인정), 2014년 9월 14일 이후 취업한 만34세 이하의 청년 중 부모와 본인, 배우자 합산소득이 8분위 이하이고 건강보험료 납입금액이 월 36만 4,134원 이하일 경우.

지원 내용　취업 1개월 후 150만 원, 취업 6개월 후 150만 원의 인센티브를 지원한다.

지원 방법
1 해외 취업 후 월드잡플러스 홈페이지(www.worldjob.or.kr)에 접속
2 장려금 신청 및 증빙서류 제출(온라인을 통해서만 가능. 방문 및 우편접수 불가)
3 취업 1개월 후 1차 장려금 신청
4 취업 6개월 후 2차 장려금 신청

당신이 몰랐던
알짜 기업 50

초판 1쇄 2016년 9월 20일

지은이 매일경제신문 중소기업부
펴낸이 전호림 **편집5팀장** 이승희 **담당PD** 이정은 **펴낸곳** 매경출판㈜
등 록 2003년 4월 24일(No. 2 – 3759)
주 소 우)04557 서울특별시 중구 충무로 2(필동1가) 매일경제 별관 2층 매경출판㈜
홈페이지 www.mkbook.co.kr
전 화 02)2000 – 2610(기획편집) 02)2000 – 2636(마케팅) 02)2000 – 2606(구입 문의)
팩 스 02)2000 – 2609 **이메일** publish@mk.co.kr
인쇄 · 제본 ㈜M – print 031)8071 – 0961

ISBN 979 – 11 – 5542 – 528 – 2(03320)
값 16,000원